LETTRES SUR L'ITALIE,

EN 1785.

Et me meminisse juvabit. VIRG.

TOME PREMIER.

A ROME;

Et se trouve A PARIS,

Chez { DE SENNE, Libraire de Monseigneur Comte d'ARTOIS, au Palais Royal.
DE SENNE, Libraire, au Luxembourg.

1788.

AVERTISSEMENT

DE L'ÉDITEUR.

Ce recueil de lettres nous est tombé entre les mains par un événement, dont il est inutile de rendre compte au public.

Si le public accueille celles-ci, nous en publierons, avant peu, quelques autres, sur le même sujet.

Ceci n'est pas un voyage d'Italie, mais un voyage en Italie.

L'auteur, à mesure que les objets passoient sous ses yeux, communiquoit à sa famille et à ses amis quelques-unes des impressions qu'il recevoit; voilà ces lettres.

AVERTISSEMENT.

Si l'on veut des faits, il faut lire le voyage d'Italie par M. de la Lande, de l'académie des sciences; c'est, sans contredit, l'ouvrage sur l'Italie, le plus détaillé, le plus exact et le plus instructif; je parle de la dernière édition.

Vous pourrez consulter encore le Voyage pittoresque de Naples et de Sicile; et celui de M. Swinburne, si bien traduit de l'anglois en françois, par Mademoiselle de Kéralio.

On rencontrera plusieurs lettres qui ont déjà paru, tronquées, il est vrai, et défigurées. On les a attribuées à un magistrat; mais cette foule de gens qui se connoissent en style, ne s'y trompera point.

On reprochera peut-être à l'auteur

AVERTISSEMENT.

d'avoir écrit plusieurs endroits avec un certain enthousiasme, avec sensibilité; mais souvent il a écrit, en présence même des objets, et il a le malheur de sentir.

On pourra encore accuser le style d'être quelquefois poétique. Comment donc décrire un tableau, sans en faire un ?

Ceux pour qui les arts ne sont rien, qui n'ont nulle idée ou nul sentiment du beau, sont bien à leur aise pour critiquer ceux qui en parlent.

L'auteur de ces lettres est loin de la prétention d'avoir épuisé son sujet : il ne l'a pas même tenté. Il a cueilli, en courant, sur les bords de ce champ immense, quelques fleurs et quelques épis.

Peut-être, en cela même, a-t-il osé trop : peut-être, eût-il dû consulter davantage la médiocrité de ses talens.

Mais il faut espérer qu'un jour, le jeune Anacharsis (1), après avoir voyagé dans la Grèce avec tant de succès et de gloire, visitera aussi l'Italie.

---

(1) C'est le sujet d'un grand et bel ouvrage qui doit paroître incessamment, et qu'on attribue à M. l'abbé Barthélemy, dont l'érudition, la philosophie et le goût sont célèbres.

LETTRES
SUR L'ITALIE,
En 1785.

LETTRE I.

A Avignon. Avril.

Je suis arrivé avant-hier à Avignon. Ne désespérez pas à Paris du printemps : je l'ai rencontré à l'entrée du Comtat.

Mes premiers empressemens ont été pour la fontaine de Vaucluse. J'ai été la voir hier. Je ne sais pourquoi je dis *hier*; car il me semble que je la vois encore aujourd'hui.

Je crois voir encore aujourd'hui s'échapper du milieu d'une chaîne de montagnes, comme du fond d'un vaste entonnoir, une rivière qui monte, s'élève et tout-à-coup se déborde avec une impétuosité, avec un tonnerre, avec un bouillonnement, avec une écume, avec des chûtes que le pinceau du poëte, ni celui du peintre, ne rendront jamais. C'est la fontaine de Vaucluse. Un instant après, cette rivière se calme, comme un heureux naturel que la vivacité emporte d'abord, et que soudain la bonté modère. Elle change alors ses flots d'argent en flots d'azur, et les verse, et les roule, et les abandonne sur un tapis d'émeraude ; mais bientôt elle se divise en une multitude de petits ruisseaux pour courir à travers un vallon charmant. En sortant du vallon, ces ruisseaux se réunissent, et partent de nouveau tous ensemble, par cent routes différentes, pour aller arroser, féconder, embellir sous le nom de la *Sorgue*, le délicieux comtat d'Avignon.

La peinture, que l'abbé Delille a tracée de ce beau séjour, est très-exacte. J'ai vérifié tous les vers : ils disent la vérité, comme de la prose, ce qui n'est ordinaire ni aux voyageurs, ni aux poëtes. Ces vers, cependant, ne peuvent donner l'idée de ce lieu : ils n'en donnent que le souvenir. Il en est de même des portraits et des descriptions à l'égard de tous les objets. Je n'ai trouvé dans les vers, ni tant d'écume, ni tant de fracas, ni tant de murmures, que m'en a offert la Fontaine. On n'y voit pas non plus ces rocs si noirs, qui forment un contraste admirable avec la neige des flots qui s'y brisent; enfin, le poëte n'y a pas déployé ce brillant tapis d'émeraude où la Naïade se repose.

Vaucluse offre à la fois le tableau le plus admirable, et le phénomène le plus singulier. Mais je dirai avec le poëte :

Mais ces eaux, ce beau ciel, ce vallon enchanteur,
Moins que Pétrarque et Laure, intéressoient mon
cœur.

Ce souvenir de Pétrarque et de Laure anime tout le paysage : il l'embellit, il l'enchante. J'ai cherché des traces de ces amants sur tous les rochers : c'est donc ici, disois-je, qu'ils venoient s'asseoir ensemble ; que Pétrarque a tant aimé, a répandu tant de larmes ; qu'il a poussé tous ces soupirs immortels que nous entendons encore. Je me suis assis sur la pente d'un rocher; et là, je me suis enivré, pendant une heure, du bruit de ces eaux, de la verdure de ces gazons, de l'azur de ce beau ciel, de la jeunesse du printemps et du souvenir de Laure. Là, j'ai appellé, j'ai rassemblé autour de mon cœur, tous les objets qui lui sont chers. Je me suis figuré tous mes enfants sautant sur ces gazons, courant sur ce rivage, et frappant à l'envi les échos et mon cœur de mille cris de bonheur et de joie.

Avant que de partir, j'ai voulu savoir si, comme l'assure l'abbé Delille, *l'écho n'avoit pas oublié le doux nom de Laure*. N'en déplaise au poëte, l'ingrat en a oublié la moitié.

Adieu, charmante fontaine de Vaucluse. On connoît à peine les lieux où Alexandre a gagné ses batailles ; on reconnoîtra éternellement les lieux où Laure et Pétrarque ont aimé ; les murmures de ton onde, ô Vaucluse ! et les vers des chantres des Jardins et des Mois (1) les diront à tous les siècles.

---

(1) Voyez le troisième chant des Jardins, et le septième des Mois.

LETTRE II.

A Avignon.

J'ai encore peu de chose à vous dire sur Avignon. Je n'y suis que depuis trois jours : vous me répondrez peut-être que M.*** a fait un voyage d'Italie, et n'a pas quitté la France.

Voici quelques détails qui m'ont frappé.

Le vice-légat juge au criminel, souverainement, et au civil, en premier ressort. Cet usage est commun, dit-on, en Italie. Pourquoi donc ? La justice civile menace principalement les riches, la justice criminelle, les misérables.

Le vice-légat a le droit de faire grace; étrange aliénation de la souveraineté ! Il est vrai que les tribunaux en France ont souvent le droit d'empêcher le roi de la faire ; aliénation plus étrange.

Le pape est si content de son vice-légat, qu'il vient de le créer *porte-chandelier* de sa chapelle : c'est dans le gouvernement du pape une promotion.

J'ai vu hier un homme qui sort des galères, auxquelles ce porte-chandelier l'avoit bien injustement et bien ridiculement condamné pour cinq ans, *comme convaincu d'assassinat.*

Cet infortuné, nommé Lorenzo, a subi sa condamnation, malgré les efforts de l'intendant de Toulon, et la réclamation générale.

Son innocence a éclaté d'une manière extraordinaire (1).

Un jour qu'il passoit dans l'arsenal de Toulon, un autre galérien dit à un de ses camarades : voilà un malheureux

---

(1) Je tiens ces détails de l'intendant de Toulon, homme très-éclairé et très-humain, M. M....

dont je ne peux supporter la vue. — Pourquoi donc? — Cet homme est ici pour avoir assassiné un tel, et c'est moi qui ai commis ce crime..... Lorenzo entendit ce propos : quel moment ! Il va à ce galérien, il le presse, il le conjure de remettre au plus vîte en des mains sûres le secret de son innocence. Mais l'ame du misérable étoit déjà fermée à la pitié, et rouverte à la terreur. Lorenzo, de l'aveu de ses supérieurs, a la constance de s'attacher pendant deux ans de suite au dépositaire de son innocence. Il obtient d'être lié à la même chaîne. Il le suit à l'hôpital. Que ne lui dit-il pas pour le toucher, et le jour et la nuit, et tous les jours? il ne le touchoit point. Enfin, au bout de deux ans, il parvient, à force de prières et de larmes, à amollir de nouveau l'ame du scélérat, à y réveiller le remords, à en faire sortir une seconde fois l'important secret. Des témoins étoient apostés. On dresse un procès-verbal, on le porte à l'intendant. L'intendant fait jetter à l'instant le coupable dans les cachots. Sévérité imprudente ! le coupable se rétracta.

Les cinq années de galères se sont écoulées, et Lorenzo en est sorti.

Sur quoi donc avoit-il été condamné ? Sur l'indice le plus léger ; sur un indice ! L'assassiné avoit neuf louis dans sa poche ; on arrête trois hommes, du nombre desquels étoit Lorenzo ; on leur trouve à chacun trois louis dans la poche : voilà, dit-on, les neuf louis, et par conséquent les trois assassins : on condamne ces trois hommes aux galères. Deux y sont morts..... C'est l'histoire de Danglade ; l'histoire des indices ; l'histoire de tous les tribunaux criminels, hors ceux d'Angleterre. Les loix en Angleterre craignent de condamner ; les loix en France craignent d'absoudre.

Notre infortuné va aller à Rome se jetter aux pieds du pape, pour obtenir la révision de son procès. On dit que le pape est humain.

J'ai fait une remarque ; les hommes humains (les hommes) croient plus difficilement le crime et se trompent moins. L'humanité est une lumière.

LETTRE III.

A Toulon.

Puisque ma route m'a conduit à Toulon, il faut bien que je vous en dise un mot.

C'est une ville assez jolie, elle est bâtie régulièrement ; mille ruisseaux descendent des rochers et des montagnes auxquelles elle est adossée, et de toutes parts y pénètrent. Une multitude de fontaines les recueillent et les répandent : on prendroit la ville de Toulon pour une fontaine. Cette quantité d'eau rend un peu plus froid l'hiver ; mais elle rafraîchit l'été.

Le port est admirable. J'ai vu le *héros*, que montoit M. de Suffren. Ce vaisseau n'a pas usurpé son nom.

Je me suis occupé particulièrement du régime des galères.

Les galériens ne sont pas maltraités à Toulon; ils travaillent et on les paie. Chose horrible, il y a peut-être dix millions d'hommes en France qui seroient heureux d'être aux galères, s'ils n'y étoient pas condamnés.

Autrefois, à peine le ban des galériens étoit fini, qu'ils revenoient; mais depuis peu, les tribunaux qui fournissent Toulon, au lieu de renvoyer aux galères les récidivans, les font pendre.

Le nombre des galériens est à-peu-près le même tous les ans, c'est-à-dire, il se commet tous les ans à-peu-près le même nombre de crimes. Ainsi il entre à-peu-près la même quantité d'eau par jour dans un vaisseau, et le travail de la pompe est égal; mais si le vaisseau étoit meilleur, si les bois étoient mieux joints, si la surveillance étoit plus grande, il entreroit, par jour, dans le vaisseau, beaucoup moins d'eau.

J'ai parcouru le registre des galères. Ecoutez. Des enfants de *treize ans* condamnés aux galères, *pour avoir été trouvés avec leurs pères convaincus de contrebande !* Je l'ai lu. *Pour avoir été trouvés avec leurs pères !* S'ils n'avoient pas été trouvés avec eux, on les eût mis à Bicêtre. Voilà le code du fisc ; voilà l'indulgence pour le fisc : on lui a vendu le sang innocent ! et on se tait !

J'ai vu plusieurs de ces enfants, et des larmes ont roulé dans mes yeux, et l'indignation s'est allumée dans mon ame, et je ne me suis appaisé que dans l'espérance de ne pas mourir sans avoir dénoncé tous les crimes de notre législation criminelle. Ah ! si je peux contribuer à délivrer ces jeunes et innocentes mains de ces fers abominables...... Je l'espère.....

J'ai lu aussi sur le registre : *pour crime de filouterie, et véhémentement soupçonné d'assassinat, aux galères perpétuelles.*

J'ai lu aussi sur le registre : *pour fourberie et avoir trompé une foule de gens honnêtes* (en propres termes) *à cent ans de galères.* C'est une sentence du tribunal des Deux-Ponts. La France prête à plusieurs souverains d'Allemagne ses supplices.

J'ai lu encore sur le registre : *véhémentement soupçonné d'un assassinat, et d'un vol avec effraction, aux galères perpétuelles.*

Je paierois cher un double des registres des galères. Que de lumières ils renferment ! Ils peuvent servir à apprécier la moisson sanglante que fait chaque année en France, dans ses différens tribunaux, le glaive exterminateur de la justice criminelle.

Un événement singulier plongea, il y a quelque temps, les galériens dans le plus profond désespoir. L'intendant de la marine reçoit l'ordre de séparer en trois classes les déserteurs, les contrebandiers et les criminels. Il semble que les déserteurs et les contrebandiers auroient dû bénir cette séparation. Leur désespoir fut extrême.

Tous les galériens en effet se voient absolument du même œil ; car le malheur est comme la mort, il met de niveau tous les hommes. Les galériens ne sont tous entr'eux, que des malheureux ; des foibles qui ont été vaincus par des forts. Loin de rougir ici de l'atrocité des forfaits, on s'en vante ; on a fait plus de mal à l'ennemi, on a été plus adroit ou plus courageux. Ainsi les déserteurs et les contrebandiers ne méprisent point les criminels ; et par la séparation ordonnée, ils perdoient plusieurs avantages; l'un, un compagnon robuste; l'autre, celui dont il avoit coutume d'entendre la voix et de rencontrer le regard ; celui-ci perdoit l'homme qui étoit malheureux avec lui. Il coula, aux approches de cette séparation, des larmes amères, des larmes du cœur. L'intendant de la Marine a accordé à plusieurs galériens la grace de vivre ensemble à la même chaîne.

Réfléchissez sur ceci. Fouillez ces nouvelles profondeurs du cœur humain.

LETTRE IV.

A Nice.

Nice est assis sur un amphithéâtre de rochers qui s'avance un peu dans la mer. Il est entouré de montagnes qui insensiblement descendent et semblent offrir à tous ceux qui passent des maisons de campagne charmantes, couvertes d'oliviers, de mûriers, d'arbres fruitiers de toutes les espèces, et sur-tout de citroniers, de limoniers et d'orangers. C'est une richesse, ou plutôt la plus grande richesse du pays. Il y a des particuliers qui cueillent tous les ans plus de 300000 oranges, plus de 150000 citrons. Enfin le pays est (comme on le dit dans le pays même) très-abondant *en aigrure.*

En aigrure ! Que veut dire ce mot *aigre* et barbare ? Ce nom d'*aigrure* est celui que l'intérêt pour lequel le beau n'est rien, l'habitude pour laquelle tout cesse d'être beau, donnent à Nice, à ces belles pommes du jardin des Hespérides, à l'aide desquelles vainquit Atalante.

Les maisons de campagne des environs de Nice sont peuplées d'Anglois, de François, d'Allemands ; chacune d'elles est une colonie : c'est-là que, de tous les pays du monde, l'on fuit l'hiver. Nice, pendant l'hiver, est une espèce de serre pour les santés délicates.

Cette saison ne règne guère ici que deux mois, et jamais n'y est trop sévère. A la vérité, dans le cours de l'année un vent du nord souffle de temps en temps, du haut des montagnes, et incommode le printemps et l'automne, et l'été même.

M. Thomas a gagné ici quatre à cinq heures de vie par jour, c'est-à-dire, de pensée et d'étude. Il s'occupe trop de la gloire; il travaille depuis trente ans, nuit et jour, à sa statue.

J'ai vu des Angloises touchantes et même charmantes : à leur arrivée elles mouroient; elles ont refleuri dans l'air de Nice. *Winkelmann*, si sévère, si injuste envers les figures des femmes angloises, auroit sûrement quelqu'indulgence pour celle de mistris B....; mais aussi mistris B...., ce sont toutes les roses de la France et tous les lys de l'Angleterre; tout l'intérêt des femmes de son pays et tous les charmes des femmes du nôtre : elle fait oublier presque tout son sexe; elle m'a fait oublier Nice.

LETTRE V.

A Nice.

On m'a mené hier dans la rue la plus obscure; on m'a fait entrer dans la maison la plus pauvre; on m'a fait monter cinq étages ; enfin j'ai trouvé un petit homme assez mal vêtu , habillé de gris, visage de cinquante ans, perruque en bourse, vif, léger, gesticulateur : c'étoit le premier président du sénat de Nice.

Ce premier président, qu'on appelle *le comte de* ***, ne manque ni d'esprit ni de connoissances: en voici une preuve. Il admire Montesquieu, et croit réellement la législation de son pays mauvaise. Y a-t-il beaucoup de magistrats, dans certains pays de l'Europe, qui fussent en état de faire cet aveu ?

La police est entre les mains du militaire ; ce que le consul de France trouve fort bien, et le vice-consul, fort mal : le premier est consul, le second, vice-consul.

L'archevêque a la police de la librairie. Vous jugez comme elle est libre.

On ne vend pas publiquement les œuvres de Boileau.

A Nice, point de mœurs, peu de religion, mais beaucoup de dévotion, c'est-à-dire d'hypocrisie.

Nous devions partir ce matin pour Gênes ; mais dans la nuit il est tombé de la neige, le vent est devenu contraire ; il a fallu rester. Nous en avons été bientôt consolés par le plaisir de dîner chez M. Thomas et de passer la journée avec lui.

Notre dîner a fini trop vite. M. Thomas a été très-aimable. Nous avons d'abord analysé tous nos beaux esprits, toutes nos réputations, tous nos cerveaux qui pensent ou qui croient penser. Ensuite, au dessert, nous avons parlé Italie, femmes et printemps : M. Thomas avoit oublié un moment la postérité. Il nous a fait ses excuses de la neige tombée le matin. C'étoit un accident, arrivé au climat de Nice, et auquel il n'est pas sujet. On a ri, on a bu, on a conté, et nous nous sommes quittés avec peine.

Nous avons dîné avec un certain M. de R..., qui passe tous ses hivers à Nice, et le reste de l'année dans le reste de l'Europe. Il est tourmenté d'un asthme épouvantable que Nice pourtant a adouci. J'ai eu vraiment mal *à sa poitrine* (comme dit madame de Sévigné). On n'a pas assez réfléchi sur ces affections sympathiques, ou antipathiques, qui rapprochent ou repoussent les êtres sensibles, leur communiquent le plaisir et la douleur. *Smith* a ouvert la mine, mais il ne l'a pas creusée : c'est qu'il n'a pas senti comme moi l'asthme de M. de R....

M. de R.... ne me parut pas d'abord un homme d'esprit ; mais dans le cours de la conversation il s'échauffa et son ame s'éleva ; il eut alors de l'esprit. C'est ainsi que très-souvent en mer, lorsqu'il n'y a point de vent à la côte, à une certaine hauteur on en trouve.

LETTRE VI.

A Monaco.

Nous voilà sur la mer, et nous suivons la côte, c'est-à-dire ces monts et ces rocs qui bordent ou plutôt qui hérissent si tristement la magnifique Italie.

Voilà la principauté de Monaco. Comme il ne faut mépriser personne, il faut lui faire une visite. Nous abordons dans le port : il étoit rempli de trois barques de pêcheurs et d'un bâtiment hollandois.

Deux ou trois rues sur des rochers à pic ; huit cents misérables qui meurent de faim ; un château délâbré ; un bataillon de troupes françaises ; quelques orangers, quelques oliviers, quelques mûriers épars sur quelques arpens de terre, épars eux-mêmes sur des rochers : voilà à peu près Monaco.

La misère y est extrême. Le commandant du bataillon françois, qui est là depuis vingt mois, a pensé pleurer de joie en nous voyant ; il nous a dit que s'il avoit eu un poulet à nous offrir, il se seroit mis à genoux pour nous inviter à le manger avec lui.

Le souverain de Monaco a une cour : il a des gardes au nombre de vingt ; ce sont vingt paysans : quatre gentilshommes de la chambre ; ce sont quatre bourgeois. Chaque fois qu'il vient à Monaco, avant de mettre le pied au château, il va, suivi de sa cour et de ses sujets, à une petite chapelle, rendre graces à dieu de son heureuse arrivée.

Il y a des inscriptions dans le château. En voici un échantillon ; on lit au-dessus d'une porte, qui ressemble à la porte cochère d'une auberge.

Crypto porticum hanc etsi tot regum, imperatorum et summorum pontificum ingressu decoratam, tamen tantæ molis vastitate angustam ampliavit, illustravit, exornavit anno salutis 1623.

C'est tout ce qu'on pourroit inscrire sur la porte du capitole.

En entrant à Monaco, il a fallu donner nos noms à un homme, que nous avons trouvé dans une boutique achevant de ressemeler un soulier : c'étoit le commandant du port.

Au demeurant le prince de M. est bon; il est aimé. Si son état est petit, ce n'est pas sa faute.

LETTRE VII.

A Génes.

Je sors des palais *Brignolet, Sera et Kiagera*. Je suis ébloui, étourdi, ravi : je ne sais ce que je suis. Mes yeux sont remplis d'or, de marbre, de crystal, de porphyre, de basalte, d'albâtre, en colonnes, en pilastres, en chapiteaux, en ornemens de toutes les espèces, de toutes les formes, de tous les genres, ioniques, doriques, corinthiens. Mille tableaux sont épars en lambeaux dans mon imagination. Je vois des têtes, des pieds, des mains; des corps et des cadavres, des vieillards et des jeunes filles, des Vénus et des Vierges. Voici des larmes douloureuses qui roulent dans les yeux d'un vénérable vieillard.

Voilà un souris charmant qui éclôt sur les lèvres d'une fille de quinze ans qui est charmante : c'est, je crois, son premier sourire.

Cependant, au milieu de tant de débris de tableaux, il en est quelques-uns qui sont entiers.

D'abord, un tableau de Paul Véronèze. Judith vient de couper la tête à Holopherne. La suivante est une négresse. Elle forme avec Judith un admirable contraste. La nature lutte avec le fanatisme sur le visage de Judith, et dans toute son attitude : elle n'ose regarder la tête, que sa main tient en tremblant. La suivante, que le fanatisme ne soutient pas, en voyant la tête et le crime, frémit d'horreur. La mort enveloppe Holopherne.

Il vaut mieux fixer ses regards sur une assomption de Guido Réni. C'est-là une Vierge ! Ce sont-là des anges ! C'est-là monter vers le ciel ! au milieu des airs, en chœur, des anges plus beaux, plus charmans les uns que les autres, se donnent la main. Sans aucune peine, sans aucun effort, ils suivent vers les cieux la Vierge ; comme nous autres mortels, nous nous précipiterions vers la terre! Quelle pureté sur ce front divin! Déjà ses regards ont percé le ciel et se reposent dans le sein du dieu qui l'attend: ils sont humides d'un bonheur céleste. Parmi ces anges, de tous les âges de la jeunesse, il y en a qui sont si petits que les autres leur tendent la main pour les aider à les suivre. Ceux-ci sourient à la Vierge; et ceux-là, les uns aux autres. Quelle conquête en effet pour eux! Ils aimeront encore davantage. Elle étoit angélique l'imagination qui a conçu ce tableau !

Mais quelle est cette femme étendue sur un lit? elle n'est voilée que de la mort. La mort est déjà dans les pieds, dans les jambes : elle gagne le long des bras. Un reste de beauté, d'amour et de douleur s'évanouit sur ce front pâle. C'est Cléopâtre. Ainsi ces charmes célèbres qui avoient si long-temps captivé Antoine, et séduit un moment César, qui avoient fait presqu'autant de bruit et de ravage dans l'univers que les armes romaines en avoient fait, les voilà morts; et tout-à-l'heure, on ne les appellera plus Cléopâtre, mais un cadavre.

Je me rappelle encore plusieurs autres tableaux. Un *Christ* faisant toucher sa plaie à saint Thomas. Un Lazare qui ressuscite. Un Jacob à qui on apporte la chemise de Joseph ensanglantée. Il n'y a de termes dans aucune langue pour les copier.

J'ai besoin que le sommeil vienne fermer mes yeux : ils sont fatigués d'admirer.

LETTRE VIII.

A Génes.

IL est six heures du matin. Mon imagination se réveille dans le sallon du palais de *Sera*, ou plutôt du palais du soleil. Je baisse encore les paupières. On ne peut donner une idée de la magnificence de ce sallon. Ce qu'est la nature, quand on la regarde à travers un prisme, tel est le sallon du palais *Séra*. Quelles glaces ! quel pavé ! quelles colonnes ! que d'or ! que d'azur ! que de porphyre ! que de marbre ! Le nom qui convient ici, c'est la magnificence.

Si l'on veut voir la plus belle rue qui soit dans le monde entier, il faut voir à Gênes la rue neuve. Sur deux lignes très-prolongées, et sur un pavé de laves, une foule de palais disputans ensemble de richesse, d'élévation, et de masse, étalent à l'envi leurs portiques, leurs façades, leurs péristiles brillans d'un stuc blanc, noir, de mille couleurs. Ces palais en dehors sont des tableaux.

Les maisons de Gênes sont très-hautes, et les rues très-étroites. Le soleil n'y descend jamais. On seroit tenté de croire que Gênes n'a été bâti que pour une saison; que Gênes est une ville d'été.

Les propriétaires de ces beaux palais, la plupart nobles et sénateurs, ignorent les beautés qu'ils possédent, ou ne l'apprennent que de l'admiration des étrangers, et de la renommée qui les vante. A côté de ces sallons, dans ces sallons même où les pinceaux des Titien, des Vendik, des Rubens, des Véronèze se sont joué, les nobles Génois admettent tous les jours les productions les plus grossières des pinceaux les plus ignorans. Au lieu d'habiter ces superbes appartemens, ils logent dans des galetas; ils ne paroissent que les gardiens de leurs palais. Enfin, ces portiques de marbre, ces péristiles de marbre, ces portes de marbre sont inondés tout le jour d'une foule de mendians, qui viennent sur des pavés de granit et de porphyre, travaillés par tous les arts, et polis comme des miroirs, écraser la vermine qui les dévore.

Je viens de voir le palais du doge, où le sénat tient ses séances, d'où il souffle, sur 500,000 sujets, l'esprit de son gouvernement, de ses loix, de sa politique, c'est-à-dire, de son avarice. L'œil, quand on entre dans la cour, est étonné. La façade, ornée de colonnes et de statues de marbre ravit d'abord. On monte dans la salle du petit conseil; c'est l'architecture la plus élégante : on passe dans la salle du grand conseil ; c'est l'architecture la plus magnifique. De distance en distance, entre une multitude de colonnes, les statues des grands hommes de la république reçoivent de tous ceux qui passent, pour prix de leur mérite ou de leur fortune, la dette de la postérité, un souvenir et un regard. Le maréchal de R..... est au milieu de tous ces grands hommes.

Un incendie dévora ces monumens en 1773, avec une foule de tableaux des plus grands maîtres, On a bien rétabli les édifices ; mais non pas les tableaux. Il s'est encore trouvé des architectes et des statuaires; on n'a pu trouver de peintres.

En sortant du palais du doge, je

suis entré dans un superbe palais ; j'ai traversé une longue colonnade ; j'ai foulé des marbres de toutes les couleurs ; une porte immense s'est ouverte ; j'étois dans un hôpital.

Il contient douze cents malades, distribués par salles : là les hommes ; ici les femmes ; là les blessures, ici les fièvres. J'ai cru voir la mort errante au milieu de ces douze cents malades, et frappant de tous côtés au hasard, avec sa faux invisible. Un malheureux a expiré devant moi. Les lits des malades sont environnés de leurs parens attendris qui les consolent, qui les soulagent : c'est une mère auprès de sa fille ; c'est un mari auprès de sa femme. Du moins, dans cet hôpital, des mains sensibles et chères peuvent fermer les yeux des mourans.

Il y règne un ordre admirable, une

propreté parfaite, un soin extrême. On y guérit.

Les statues de tous les bienfaiteurs de l'hôpital sont répandues dans les salles. Les êtres reconnoissans peuvent, dès que leurs forces le leur permettent, aller arroser de larmes, sans doute bien douces, les images de leurs dieux tutélaires.

Je ne sais quel plaisir me retenoit dans ce séjour de la douleur.

LETTRE IX.

A Gênes.

J'ai été voir ce qu'on appelle à Gênes le port-franc. C'est un entrepôt où l'on décharge toutes les marchandises qui, par mer, arrivent à Gênes. Vous en voyez là de toutes sortes, à côté les unes des autres : des masses de vert-de-gris et des bariques de sucre, du marbre et du café, des bois et des toiles, des productions de l'Asie, et des productions du Nord. C'est un mouvement, une activité, une affluence qu'on ne sauroit imaginer. Deux grandes pompes du revenu public sont appliquées successivement à chaque denrée, à chaque ballot : elles puisent, l'une, dix pour cent, dans les marchandises qui restent à Gênes ;

l'autre, trois pour cent dans celles qui passent. Le service de l'apport et du mouvement de toutes les marchandises est fait par des *Bergamasques*, qui viennent faire parmi les Génois le métier lucratif de vigueur et de probité.

En sortant du port-franc, j'ai été visiter la banque de saint George. C'est-là qu'est renfermé, sous cent clefs, le mot de cette grande et terrible énigme, si la banque a des milliards, ou si elle doit des milliards. Cette énigme est le salut de l'état, et en partie sa richesse.

Quoi ! il n'y a à Gênes qu'une boulangerie et un cabaret publics, administrés et régis sous l'autorité du sénat ! Oui, la république ne souffre pas que d'autres qu'elle vendent le pain, le vin, le bois, l'huile. Mais sans doute elle vend ces denrées au plus bas prix et de la meilleure qualité, afin de prévenir les murmures?

— La république vend au plus haut prix, et de la plus mauvaise qualité, sans s'embarasser des murmures. — Comment donc les sujets peuvent-ils tolérer un tel monopole ? — Ils mendient, ils volent, ils ont des hôpitaux, ils assassinent, ils souffrent. — Mais comment enfin supportent-ils cette oppression ? — La mesure de l'oppression qu'on peut supporter n'est pas encore à son comble. Le peuple ne se révolte pas quand il veut ; l'eau qui remplit un vase ne se répand point encore : il faut une *goutte de trop.* Ainsi il s'agit uniquement pour les nobles d'empêcher *cette goutte de trop.* Ils sacrifient en conséquence une partie de leur autorité à leur avarice ; ils laissent la plupart des réglemens sans exécution, les trois quarts des crimes impunis : ils achètent le silence de ceux qui crient. On croit cependant la *goutte de trop* inévitable : la patience du peuple est lasse. Mais, peu importe aux nobles Génois : le grand point pour eux, c'est d'être riches. Aussi en voit-on beaucoup refuser une place dans le sénat, quand le sort la leur présente ; et briguer, au contraire, le moindre poste dans l'administration de la banque ou des hopitaux, quand le sort la leur dispute. Les nobles manquent de l'intérêt le plus puissant pour bien gouverner un pays : ils n'ont point de pays. Ils sont en effet négocians.

J'ai été voir la paneterie publique. L'édifice est immense. Voici le pain des riches, et voilà le pain des pauvres ; et les pauvres sont les plus nombreux ! Les pauvres sont par-tout une espèce mitoyenne entre les riches et les animaux : ils sont bien près des derniers.

J'ai voulu goûter de ce pain des

pauvres. Les animaux sont heureux !

En sortant de ce lieu, j'ai remporté dans mon ame je ne sais quelle impression sur laquelle se sont émoussées, un moment après, toutes les beautés et toutes les richesses du palais de *Durazzo*.

Ah ! comme le luxe et la magnificence font mal aux yeux, quand on vient de regarder la misère.

LETTRE X.

A Gênes.

Je suis retourné au palais Durazzo. De la foule de tableaux qu'on y admire, quatre seulement sont restés dans mon imagination.

L'un est un vieillard de Rimbrant. Il est admirable pour la vérité, pour l'effet, pour l'intelligence du clair obscur. J'ai été tenté de lui adresser la parole.

Paul Véronese avoit-il vu la Madeleine se jetter aux pieds de Jesus? Jesus dut avoir cette attitude, cet air noble, cet air indulgent, cet air tout près d'être ému. La Madeleine est si belle! elle est sur-tout si touchante! elle est en effet si touchée! Quelle expression les traits des personnages ! comme la lumière vient bien tomber toute dans un point, d'où ensuite elle distribue ses rayons à chaque partie qui en demande. Sur la superficie de cette toile il y a de l'air.

La plupart des peintres sont des versificateurs et non pas des poëtes.

Le Tasse étoit poète, lorsqu'il nous a montré Olinde et Sophronie attachés au même poteau, et attendant que le bûcher prît flamme. Mais ce peintre qui a voulu copier le Tasse ? Je n'entends point les plaintes d'Olinde, je ne vois point la résignation de Sophronie ; ce peuple n'est point attendri ; ce tyran n'est pas en fureur. Je viens de relire le Tasse. Les voilà ! voilà la véritable Sophronie ! C'est elle qui dit à Olinde : *pourquoi te plains-tu, ô mon ami ! vois le ciel, comme il est beau ! regardes le soleil: il semble qu'il nous appelle à lui: il nous console.*

Je n'entends rien de tout cela, en regardant le tableau. Il est muet.

LETTRE XI.

A Gênes.

Je peux dire que j'ai assisté à la mort de Sénèque, en voyant un tableau où il meurt. Sénèque est au milieu du tableau. Il est à moitié nu, tel qu'un homme qui n'a plus besoin de défendre son corps contre les éléments, auxquels il est prêt à le rendre. Ses pieds sont dans le bain, et le sang coule. A quelque distance du philosophe, et plus bas, on voit à droite un secretaire qui écrivoit et qui n'écrit plus, à gauche deux secretaires qui écrivoient et qui n'écrivent plus. Sur la même ligne, et à la hauteur de Sénèque, dans un coin et dans l'ombre, cet homme que j'entrevois est un soldat. Dans le coin opposé, mais au jour, cet autre homme que je vois est un vieux sénateur. Regardez à présent la scène. Le vieillard est occupé à dicter, en attendant la mort, les idées qui passent dans son imagination. La mort les arrête. Le bras est glacé, les pieds ne rendent plus de sang, le corps se roidit, la tête chancelle, et ce regard qui fixoit une pensée, s'efforce en vain de la saisir : il s'éteint. Les trois secrétaires, avec des nuances différentes d'intérêt, d'attention et d'inquiétude, chacun la plume à la main, tiennent les yeux attachés sur les lèvres du philosophe, qui essaient encore une parole. Ils espèrent qu'un mouvement de plus va l'achever ; mais la mort y a mis son sceau. Cependant le centurion, tout près de la porte, le pied déjà levé, compte impatiemment les derniers soupirs du philosophe; car

Néron attend. Et le vieux sénateur, que fait-il ? Il pense à Néron, et il étudie la mort de Sénèque.

LETTRE XII.

A Gênes.

J'ai été visiter ce matin les galères.

Cinq sortes de malheureux sont attachés, pêle-mêle, à la chaîne; les criminels, les contrebandiers, les déserteurs, les Turcs pris par les corsaires, et les galériens volontaires.

Des galériens volontaires! — Ce sont des pauvres que le gouvernement va chercher entre la faim et la mort. C'est dans cet étroit passage qu'il les attend, qu'il les épie. Ces misérables, en voyant briller un peu d'argent, n'apperçoivent plus les galères; on les enrôle. La misère et le crime attachés à côté l'un de l'autre à la même chaîne! Celui qui sert la république, partageant le même supplice que celui qui l'a trahie!

Les Génois poussent la barbarie encore plus loin ; dès qu'ils voient approcher le terme où finit l'enrôlement de ces misérables, ils proposent de leur prêter quelque argent. Des malheureux sont avides de jouir ; le moment seul existe pour eux ; ils acceptent : mais il ne leur reste, au bout de huit jours, que des regrets et des fers : de sorte qu'au bout de huit jours, ils sont contraints, pour s'acquitter, de s'enrôler de nouveau, de vendre huit autres années de leur existence. Voilà comme ils consument, la plupart, d'enrôlements en emprunts, et d'emprunts en enrôlements, leur vie entière aux galères, sur le dernier degré de la misère et de l'infamie : ils y expirent.

Nous avons vu parmi eux un François, un jeune homme. En nous racontant son infortune, il versa quelques larmes. Nous lui donnâmes un peu d'argent ; il pleura davantage. Sortons de ces tristes lieux où l'on ne peut soulager les maux que l'on plaint. Quels lieux que ceux où la pitié est inutile !

Mais, quelle est dans ce coin, dis-je à l'homme qui me conduisoit, cette espèce de prison ? Quelle est basse, obscure et humide ! Une soupente encore la partage. Quels sont, je vous prie, ces animaux couchés sur la terre et sur la soupente ? A peine peuvent-ils ramper. De longs poils couvrent les têtes hideuses qui sortent de dessous ces couvertures. Leur regard est stupide et féroce. Ne mangent-ils que de ce pain si dur et si noir ?—Sans doute. —Ne boivent-ils que cette eau bourbeuse ? — Sans doute. —Restent-ils toujours couchés ? — Oui. –Depuis quand sont-ils ici ?–Depuis vingt ans. — Quel âge ont-ils ? — Soixante et

dix ans. — Comment les nommez-vous?
— Des Turcs.

Ces misérables Turcs sont dégradés entièrement de l'humanité : ils ne connoissent plus que les besoins du corps. Ils ont usé dans cette espèce de tombeau, le petit nombre d'idées et de souvenirs qu'ils y avoient apportés de la nature et de leur pays.

Les autres Turcs, qui n'ont pas encore soixante ans, sont enchaînés sous de petites niches ouvertes de six pieds en six pieds dans une longue muraille, où ils peuvent à peine tenir, assis ou couchés. C'est-là qu'ils respirent le peu d'air qu'on leur accorde, ou plutôt qu'ils peuvent dérober.

Cependant les Génois ont donné un exemple de tolérance qu'on ne devoit guère attendre d'eux. Ils ont accordé à ces Turcs une mosquée. Les Protestants en France n'ont point de temples.

Ajoutons un trait à la peinture des galères. J'y ai vu vendre de banc en banc, convoiter, disputer, dérober même des restes d'alimens que les chiens avoient abandonnés dans les rues, au coin des bornes.

Gênes, tes palais ne sont encore ni assez élevés, ni assez étendus, ni assez nombreux, ni assez brillants : on apperçoit tes galères.

LETTRE XIII.

A Génes.

JE veux vous parler de l'ex-doge L...

M. L... est un aimable et respectable vieillard. Il a tant parcouru de pays et de livres; il a si souvent traité dans les différents postes de sa république avec les intérêts, les passions et les foiblesses, avec le cœur humain tout entier, qu'il n'est plus ni noble, ni ex-doge, ni sénateur, ni Génois : il est un homme.

Tous les moments que M. L... peut dérober à la gloire, il les donne à la nature, dans ses charmants jardins du Poggi. Sa vie y coule doucement sur les gazons, comme l'eau qui les arrose, qui tombe nuit et jour de ses belles fontaines.

M. L... accueille parfaitement les

étrangers qui viennent le visiter au Poggi, ceux mêmes qui ne viennent visiter que le Poggi. Son ame, son esprit, ses jardins, tout est ouvert. Ses manières sont simples et nobles ; ce sont les habitudes d'un homme qui a toujours été élevé, et qui ne s'est jamais élevé. Rien de plus facile que son accueil ; il met d'abord à l'aise avec sa réputation. On est tout de suite avec lui.

La conversation de M. L... est souvent celle que l'on desire, et toujours celle que l'on sait faire ; car personne dans la conversation ne sait autant s'oublier soi-même, et se souvenir plus des autres. Cependant M. L... préfère de causer des arts, des sciences et des lettres, qu'il a cultivés, toute sa vie, et qui, après avoir contribué à sa gloire, l'en ont souvent consolé. Son oreille et son imagination sont pleines encore des plus beaux tableaux et des plus beaux airs que la poésie a composés dans toutes les langues. Des citations, mais qui naissent; des traits, mais qui échappent; des réflexions, qui paroissent fines et qui sont profondes, étincellent incessamment dans ses discours, parmi les pensées de la vieillesse.

On peut contredire M. L..., on court risque de choquer son opinion ; mais jamais son amour-propre. M. L..., ne méprise point ; car lorsqu'il ne doute plus de son esprit, il doute encore de l'esprit humain. On peut hardiment l'interroger. Tout ce qu'il sait, il n'a pas oublié qu'il l'a appris ; il répond : il donne libéralement, mais sans faste, la vérité à tout le monde.

M. L....*. est toujours le même à la ville ou à la campagne ; dans le sénat, lorsqu'il y fait une loi, et dans ses bosquets, lorsqu'il y plante un arbuste.

Les jardins du Poggi sont délicieux. Ils sont bien loin de ressembler à ces jardins symmétriques que l'orgueil a commandés, et que l'architecture a construits; à ces jardins, où, sous l'empire monotone et sévère du ciseau, du rateau et de la ligne droite, chaque plate-bande n'offre qu'une fleur, chaque allée n'offre qu'un arbre, chaque espace, qu'un grand chemin, et où le tout ne présente qu'une masse; à ces jardins, dont les eaux captives dans des bassins sont condamnées à dormir et à se taire éternellement; à ces jardins, en un mot, qui, quelques vastes qu'ils soient, semblent pourtant n'avoir été faits que pour un coup d'œil, une centaine de pas et une heure.

Au contraire, tout ce que la connoissance et l'amour de la belle nature peuvent exécuter, pour charmer à la fois l'œil, l'imagination et le cœur, avec du gazon, de la terre, de l'eau, des fleurs, avec toutes les ombres de la verdure et les différents rayons du soleil, M. L... l'a exécuté.

Ces beaux jardins présentent, ou plutôt ils recèlent un enclos assez borné qui fournit à vos pas toujours de l'espace, à vos yeux toujours des objets, toujours de la rêverie à votre ame. Il n'y a pas dans cet enclos une fleur qui ne brille, pas une goutte d'eau qui ne murmure et qui ne coule, pas un arbre qui ne paroisse, et pas un seul qui se montre. Là une cabane, ici une grotte, plus loin un troupeau ; mille objets qu'on y a placés à dessein, vous les rencontrerez par hazard. On croit toujours être à la campagne, et on est toujours dans un jardin. On s'y promène toujours.

Il est vrai que la verdure de ces jardins est composée en grande partie de ces arbres sérieux et sombres, dont il semble que les autres saisons n'ont pas voulu, et qu'elles ont laissés à l'hiver ; des pins, des cyprès, des mélèses, des chênes verts : mais ces arbres d'hiver sont si bien mariés aux plus riants arbrisseaux du printemps, aux arbustes les plus riches de l'automne, aux arbres les plus brillants de l'été, aux lilas, aux tilleuls, aux platanes, que leur verdure mélancolique, égayée par le voisinage et l'alliance de ces végétaux plus aimables, cesse d'attrister la pensée et de repousser les regards. La verdure de ces jardins ressemble à la conversation de M. L... Les pensées et les sentiments de la vieillesse y dominent, mais les souvenirs choisis des autres âges y brillent par intervalle, et la rendent encore très-aimable.

C'est M. L. . . . . qui a créé ses

jardins. C'est-là, c'est dans cette charmante retraite, que M. L... se possède enfin lui-même.

Il a eu le courage rare, en arrivant à la vieillesse, de congédier toutes les passions, même l'amour de la gloire : il n'a gardé que l'amour de l'humanité.

Tantôt, il est environné dans son palais des habitants de la campagne, qui viennent d'y entrer infortunés, et qui en sortent heureux. Tantôt, errant sur ses gazons, parmi les concerts de ses oiseaux, à travers le silence de ses bois, au murmure de ses fontaines, il jouit d'une belle matinée du printemps, d'une calme soirée d'été; il saisit une des belles heures de l'hiver.

Souvent encore au milieu d'un bosquet, assis seul et retiré dans un petit temple de marbre, il aime à contempler dans le lointain, à travers le feuillage et les colonnes, la mer tourmentée par la tempête, et le sénat de Gênes par l'ambition. C'est le soir de la vie d'un sage.

LETTRE XIV.

A Gênes.

Quel spectacle offre au philosophe et à l'homme sensible le magnifique hôpital des incurables !

Quoi ! aucun de ces neuf cents malheureux, étendus, ou plutôt enchaînés dans ces lits de douleur, ne recouvrera jamais la santé !

Ces vieillards vivront encore, et ces enfants souffriront toujours !

Je n'ai pu, sans frissonner, traverser l'étendue et le silence de ce palais de la douleur.

Du bout d'une salle à l'autre, j'entendois un mouvement, et je distinguois un soupir.

Il est bien impossible que le regard

parcoure cette foule d'incurables de tous maux, de tout âge et de tout sexe, sans laisser tomber quelques larmes sur ces malheureuses victimes de la vie.

A côté de ces infortunés qui ont perdu la santé, on voit, dans une salle voisine, les infortunés qui ont perdu la raison. Ainsi voilà dans le même lieu toutes les pièces de rebut de l'espèce humaine.

On prétend que cet hôpital est plus mal administré que les autres : c'est que les maux, qui sont ici, sont éternels, et que la pitié est inconstante. La pitié aime aussi ce qui est nouveau ; tout le cœur humain est volage.

Que viens-je d'entendre et de voir ? Le doge et le sénat doivent visiter dimanche prochain cet hôpital; et déjà on s'occupe de parer tous ces lits, de parfumer toutes ces salles, de décorer tous les murs! Quel horrible mensonge on prépare! Voilà comment on montre aux rois qui voyagent, leurs propres états.

LETTRE XV.

A Gênes.

Le charmant tableau !

Dans le milieu d'un vallon couronné de rochers couverts d'arbustes, on voit assis, au bord d'une fontaine, au pied d'un saule (c'est en été et le soir) un berger et deux bergères. Le berger joue de la flûte ; une des bergères, tenant à la main une rose, regarde le berger et l'écoute : elle tend déjà la main pour lui présenter la fleur. L'impatience que le berger finisse, afin de lui donner la rose, et le desir qu'il continue, pour entendre encore la flûte, se combattent dans ses regards. Pendant ce temps-là, sa compagne, un peu plus jeune, ne regarde point, n'écoute point le berger; mais l'œil fixé sur la fontaine, elle rêve.... A cent pas, une troupe de petits enfans joue avec des agneaux, et les enlacent avec des fleurs.

N'est-ce pas-là une idylle de Gesner?

C'est dans le temple de Gnide, et non dans un palais de Gênes, qu'on devroit voir ce tableau. C'est Montesquieu qui auroit dû vous le copier. Il est de l'Albane.

LETTRE XVI.

A Gênes.

On peut ranger les habitants de Gênes en trois classes : les nobles qui sont environ deux mille; les bourgeois, commerçants, artisans, avocats, prêtres, qui composent la masse de la population; et enfin les pauvres de toute espèce, qui en sont la lie.

On distinguoit autrefois à Gênes différents ordres de nobles ; mais cette distinction s'efface.

On peut acheter la noblesse, c'est-à-dire ses privilèges. On fait inscrire son nom sur un registre qu'on appelle le livre d'or, moyennant environ 10000 l. Les anciens nobles ont été obligés de faire ce sacrifice à leur sûreté. Ils aiment mieux attirer dans la noblesse, où ils peuvent continuer à les mépriser, et cesser de les craindre, les bourgeois parvenus à la fortune, que de les laisser plus long-temps dans le peuple, où il n'est plus possible de les mépriser, et où il faut commencer à les craindre.

Les Génois aiment, estiment et craignent tant l'or, qu'ils n'accordent la noblesse à leurs secrétaires d'état, en récompense de leurs services, que lorsqu'ils ont fait fortune.

On a vu à Gênes des secrétaires-d'état qui avoient été assez vertueux pour se retirer pauvres; la vertu est de tous les états.

Les nobles possèdent des richesses énormes; on en compte qui ont un million de rente. Des valets, des chevaux et des moines; voilà leur faste. Quelques-uns donnent beaucoup aux pauvres ; mais aux mendians. Ils savent si mal donner, que l'état s'appauvrit de leurs dons. — Ils font fleurir la mendicité.

Il n'y point à Gênes de mendiant qui ne soit sûr de boire et de manger tous les jours : l'artisan n'en est point sûr.

La souveraineté est presque impuissante. La force pécuniaire ou les impôts ne passent point 2,800,000. Ce qui reste de cette somme applicable aux besoins de l'état, après avoir passé par une foule de mains, et être tombé de chûte en chûte dans le trésor de la république, est peu de chose.

La force militaire n'a pas deux mille bras. On ne peut compter ni les fortifications, ni les galères.

L'opinion publique, cette force invisible, qui souvent supplée aux autres, et qui tôt ou tard en triomphe, est nulle ici. Le cœur a cessé d'obéir.

Quelle législation ! les nobles ont fait la plupart des loix.

Le code n'est par-tout, en grande partie, qu'une liste de privilèges.

Toutes les forces, dont nous venons de parler, sont aussi mal administrées qu'elles sont foibles.

Le pouvoir militaire ne reste que trois mois dans les mains du même général, qui commande en *cheveux longs*, en *manteau court*, et en *habit noir*.

Le pouvoir législatif est trop divisé; il reste trop peu de temps dans les mêmes mains ; il faut le concours de trop de volontés pour l'exercer. L'état a trop de têtes pour en avoir une.

Les loix, dans le sénat, naissent presque toujours avant le temps; presque jamais elles ne sont le fruit d'une lente délibération qui les mûrisse : on les jette à peine ébauchées dans une urne ; c'est la main du hasard qui les en tire ; le hasard est législateur.

Le doge n'a de pouvoir distinctif que celui de mettre en débat les propositions qu'il juge à propos : pouvoir assez grand, quand il a de l'esprit ; trop grand, quand il n'est pas honnête homme ; car le doge a pour lui tous les momens où le sénat dort ; et ce vieillard dort presque toujours.

Le doge reste en place deux ans, pendant lesquels il ne peut sortir du palais, que par un décret. Le chef de cette république en est traité comme le prisonnier.

Dès que les deux ans sont expirés, il est obligé de s'en aller dans sa maison, et d'y rester dix jours, gardé à vue :

durant ce temps, tout citoyen a le droit de l'accuser; et le conseil des suprêmes examine sa conduite; le dixième jour, on *l'acquitte* : institution assez sage, mais qui n'est plus qu'une formalité.

J'oubliois de remarquer la perte de temps qu'entraînent les formalités par lesquelles on ouvre chaque séance du sénat. Un secrétaire d'état commence par lire un serment; ensuite, pendant plus de deux heures, un greffier ne cesse de crier, *veniant jurare, qu'on vienne jurer.*

Les nobles sont si insoucians pour les affaires publiques, que souvent, afin d'en obtenir le nombre nécessaire pour la validité d'une délibération, on est obligé de les contraindre par des amendes : on commande la corvée.

LETTRE XVII.

A Gênes.

Le pouvoir judiciaire est aussi mal administré que tous les autres pouvoirs. Les appels sont multipliés à l'infini.

La composition des tribunaux est bizarre. Les premiers juges sont, étrangers ; les juges souverains, nationaux.

Les jugemens du sénat sont portés à un tribunal appellé des *suprêmes*.

La salle où siège le petit conseil, dont les audiences sont publiques, ne peut contenir deux cents personnes. La salle où siège le grand conseil, dont les audiences sont secrètes, en tient deux mille.

Les avocats de la cause font porter à l'audience, dans des paniers, tous les livres dont ils croient avoir besoin ; ils lisent les textes à mesure. Cet étalage est ridicule ; il favorise la longueur des plaidoieries : elles finissent ici moins qu'ailleurs, dans une profession qui nécessairement parle beaucoup, et dans une langue où les mots coulent.

Les avocats plaident assis ; situation très-défavorable aux mouvemens de l'éloquence. Aussi ces messieurs ne s'en piquent-ils pas. L'un des avocats que j'ai entendus, parloit assez bon italien ; l'autre, *patois.*

Cinq juges sont autour d'une table, le président est au milieu. A midi ils se sont levés ; l'auditoire s'est mis à genoux ; les avocats même se sont tû : on a dit *l'angelus.* Ensuite quelques juges sont sortis un moment ; les avocats ont continué : on ne les arrête pas plus qu'on n'arrête l'heure.

On opine avec des boules noires et blanches. Cette forme alonge singuliérement les jugemens, et couvre bien des injustices.

J'ai dit que les loix civiles sont très-imparfaites : en voici un exemple. Ni les parties, ni les témoins ne signent les actes qu'ils passent devant notaires; de sorte que les notaires sont les maîtres de toutes les conventions. Les courtiers de change sont encore plus maîtres ; ils n'ont pas même besoin de témoins : leur parole est un contrat.

LETTRE XVIII.

A Gênes.

Les jugemens criminels sont motivés. Le sénat a le droit de faire grace, et il ne manque presque pas de l'accorder, pour plaire au peuple, qui appelle liberté, l'impunité, comme les nobles appellent liberté, l'oppression. Moyennant ces deux manières d'être libres, le peuple et les nobles sont assez quittes.

On plaide *la grace*, et en général toutes les affaires criminelles.

Les jugemens à mort sont fort rares.

Depuis six ans, on n'en a vu que deux; encore a-t-il fallu que le second eût été sollicité par le peuple. Le sénat se fit forcer la main; il fut accablé de libelles et de placards pendant deux mois. Peu s'en fallut que le coupable n'échappât : ceux qui le conduisoient au supplice le laissèrent évader ; mais le peuple le poursuivit et obligea les gens de justice de le reprendre : il avoit commis dix meurtres.

On voit à l'entrée de la ville, dans la muraille, des pierres diffamatoires. Ces pierres contiennent la condamnation de certains coupables, et les vouent à l'exécration publique. Avec des pierres diffamatoires et des statues, on pourroit créer bien des vertus, et anéantir bien des vices. On auroit une morale publique.

Les Génois sont vindicatifs. Mais cet esprit *de vendette* tient à la difficulté d'obtenir justice, soit contre les nobles, à raison de leur pouvoir, soit contre les égaux, à raison de la protection des nobles. Par-là le nombre des assassinats s'explique, et leur motif se justifie, ainsi que l'impunité générale. La plupart des assassinats ne sont pas des crimes, mais une justice ; il faut bien qu'elle se fasse de manière ou d'autre.

Toutes les nations ont commencé par cette justice criminelle. Le duel en est un débris et une preuve.

LETTRE XIX.

A Gênes.

Le pouvoir de l'administration passe par tant de mains et si vîte, qu'on ne sait à qui s'adresser : tous les ordres se croisent, se contrarient, se détruisent. Et quelle administration ! Il est d'usage que le sénat demande pour l'état au pouvoir ecclésiastique la permission de faire gras pendant le carême. Cette année, comme les nobles de qui cette demande dépendoit, avoient beaucoup de *morue à vendre*, le sénat n'a pas demandé la permission, et l'état a fait maigre. Mais les nobles ont vendu leur morue.

Une foule de traits semblables ont inspiré au peuple une si grande horreur pour les nobles, que récemment on a fait publiquement des imprécations contre la république, c'est-à-dire contre les nobles.

La décadence des mœurs, des arts et des lumières n'est pas douteuse. Il n'y a plus d'académie ; nul sculpteur ; nul peintre. 12000 métiers au lieu de 30000. Tout s'éteint.

Cependant il y a encore, dans le peuple, des hommes très-instruits. J'ai vu dans beaucoup de mains *l'administration des finances*. Tout ce qui lit, a lu cet ouvrage ; tout ce qui pense, l'apprécie ; tout ce qui sent, en est enthousiaste. En effet quelle importance dans les principes ! Quelle profondeur dans les réflexions ! Quelle précision dans les idées ! Et le style ! C'est celui des grands écrivains. Il respire d'ailleurs un amour religieux pour le bonheur des hommes, qui est comme l'ame de tout l'ouvrage, j'ai presque dit la divinité. Cet écrit administrera l'Europe. L'envie aura beau mordre la statue de M. Necker: elle est de bronze.

LETTRE XX.

A Gênes.

Le *sygisbéisme* mérite une attention particulière.

Il n'est, dit-on, nulle part, plus en vogue qu'à Gênes.

Qu'est-ce en apparence qu'un sygisbée ? qu'est-il dans la réalité ? Comment une femme en prend-elle ? Comment un homme veut-il l'être ? Comment les maris en souffrent-ils ? est-ce le lieutenant d'un mari ? Jusqu'à quel point le représente-t-il ? Quelle est l'origine de cet usage ? Quelle cause l'entretient, ou l'altère ? Quelle influence a-t-il sur les mœurs ? En trouve-t-on des traces ou des approximations dans les mœurs des autres peuples ? Questions difficiles à résoudre ! En deux mots, le *sygisbée* représente, à-peu-près, à Gênes, l'*ami de la maison*, à Paris.

Les femmes n'ont ici nulle autorité domestique. Le mari ordonne et paie. Chez beaucoup de nobles et de riches, un prêtre est l'économe. J'en ai vu un contrôler le déjeûner qu'on portoit à une dame.

Les Gênoises sont très-mal mises ; elles confondent la richesse et les ornemens, les ornemens et la parure ; nulle intelligence des convenances de la coëffure avec les traits, des couleurs avec le teint, des étoffes avec la taille; pas une ne sait pallier un défaut, ni faire valoir une beauté, ni dissimuler des années. Elles se fardent toutes, même les plus blanches. Le blanc est à la mode à Gênes, comme le rouge l'est à Paris ; le rouge est deshonoré à Gênes, ainsi que le blanc, parmi nous; contraste qui paroît bizarre, mais quand on n'a pas voyagé.

Les femmes ont adopté un certain voile que l'on appelle *mezzaro*. Elles peuvent sortir et aller seules par-tout avec ce voile, sans qu'on puisse le trouver mauvais. Ce voile cependant ne les cache point; il ne cache que beaucoup d'intrigues.

Les mœurs à Gênes sont dépouillées de toutes ces affections naturelles, qui ailleurs en font l'ornement, le bonheur et la vertu. On n'y est pas mère, on n'y est pas enfant, on n'y est pas frère; on a des héritiers et des collatéraux. On n'est pas même amant; on est un homme ou une femme.

Les jeux de hasard sont permis publiquement à Gênes. Il n'est pas étonnant que des souverains, qui jouent à la bourse aux effets publics, toute la matinée, jouent, tout le soir, aux cartes dans leurs assemblées. Malgré le jeu, ils s'ennuient beaucoup. Ils ne se rassemblent jamais pour dîner ni pour souper ensemble ; dans les assemblées, on sert des rafraîchissemens, on illumine, on gagne ou l'on perd, et le sygisbéisme va son train.

La superstition est excessive à Gênes. Les pavés sont noirs de prêtres et de moines. Les rues sont éclairées par des *madones*, suffisament.

Cette ville offre les contrastes les plus singuliers. Il y a tant de libertinage à Gênes, qu'il n'y pas de filles publiques ; tant de prêtres, qu'il n'y a point de religion ; tant de gens qui gouvernent, qu'il n'y a pas de gouvernement; tant d'aumônes, que les pauvres y fourmillent.

LETTRE XXI.

A Gênes.

Quel est ce superbe monument? Sa masse, son élévation, son étendue, sa magnificence m'étonnent! C'est un hôpital! On l'appelle *albergho de poveri*, *l'asile des pauvres*. Il falloit l'appeller le palais des pauvres. Mais que ces colonnes de marbre, que ces pilastres de marbre, que tous ces ornemens de marbre me blessent! Chacune de ces colonnes tient la place de plusieurs hommes. A-t-on voulu rendre aux pauvres, dans un seul palais, la part qui leur appartient dans tous les palais?

Les pauvres sont recueillis ici dans un azile, et non renfermés dans une prison. Ils sortiront tous, après demain, s'ils le veulent, les filles avec une dot, les hommes avec un métier. Ces bienfaits-ci ne sont pas des chaînes.

On a pris soin de répandre dans l'immensité de cet édifice les statues de tous les bienfaiteurs qui l'ont fondé ou qui l'entretiennent. Les premiers sont représentés assis, les seconds, debout. Heureux et attendrissant emblême! distinction ingénieuse!

Je suis bien aise pour les ames sensibles, qui sont cachées ici sous la misère, qu'elles puissent attacher leur reconnoissance à quelque chose qui offre plus de prise que n'en offre un nom; à des images, à du marbre.

On doit cet hôpital et ses revenus à plusieurs causes : à la vanité, à la religion, à la pitié.

Les revenus de cet hôpital sont immenses ; ils suffiroient pour nourrir quatre fois autant de pauvres : mais il a des administrateurs.

J'ai vu dans la chapelle un médaillon de marbre. Il représente *Jesus mort, dans les bras de sa mère* : c'est Jesus, c'est la mort, c'est une mère, et c'est Michel-Ange.

Voici des statues qui figurent une Assomption ; on les doit au cizeau du *Puget*, qui, en représentant un miracle, en a fait un.

LETTRE XXII.

A Gênes.

Les églises ressemblent ici à des salles de spectacles.

Il est difficile d'entasser plus de dorure, plus de peinture, plus de marbre; mais, que ce faste et ce luxe sont déplacés !

Il faut que le cœur, dans un temple, ne trouve que dieu pour se prendre ; tous ces tableaux, toutes ces statues, tous ces ornemens le retiennent. On ne doit mettre entre l'homme et dieu, que ce qui les rapproche, l'immensité qui les sépare.

Le milieu d'une forêt vaste et profonde, tel seroit à mon gré le plus beau des temples; le seul ornement que je lui voudrois, c'est un jour sombre. C'est-là que les Gaulois croyoient Dieu; c'est-là que les imaginations vives le sentent.

C'est donc bien mal entendre l'architecture des églises, que d'en faire, comme à Gênes, des sallons de palais, ou des salles de spectacles.

On doit excepter la cathédrale, qui a quelque majesté; et il faut faire grace à l'église de Carignan, en faveur de la statue de saint Sébastien, créée par le ciseau du *Puget*.

L'expression du visage est admirable. La douleur y combat avec la foi. Que ce marbre souffre! Ils ont eu la barbarie de percer de flêches un si beau corps! de tourmenter si cruellement une si belle ame! Elle semble n'attendre que le moment d'échapper à la douleur, et de retourner au ciel.

Voici une autre statue du *Puget*,

représentant je ne sais plus quel évêque; elle est belle aussi; mais elle est près de saint Sébastien : on l'admire, mais on vient d'être touché.

LETTRE XXIII.

A Lucques.

Je m'éveille dans une ville où, il y a environ 2000 ans, Pompée, César et Crassus déchirèrent l'univers romain, et le partagèrent entr'eux.

Sûrement, après y avoir passé ce contrat pardevant quatre cents mille hommes, ils n'y dormirent pas aussi bien que moi.

Au lieu du sénat de Rome, j'ai trouvé le sénat de Lucques!

Tout l'empire de Lucques a huit lieues quarrées. Une population de 120,000 habitans s'efforce tous les ans, en ne mangeant pas la moitié de l'année, de vivre pendant toute l'année.

Cet arbre planté dans un sol fertile,

mais peu étendu, a encore le malheur d'avoir deux cents branches gourmandes, ou deux cents familles nobles.

D'un côté, le privilége d'opprimer; de l'autre, la nécessité de souffrir l'oppression : voilà ce qui s'appelle ici, comme dans toutes les aristocraties, ou tyrannies à cent têtes, *la liberté*.

Le mot *libertas* est écrit en lettres d'or sur les portes de la ville, et à tous les coins de rues ; et à force de lire le nom, le peuple a cru posséder la chose.

Les nobles ont soin de célébrer tous les ans une grande fête, en mémoire de *la liberté*. Mais comment est-il possible que le peuple croie à la liberté ? — Comment! Ils croient bien que ce Crucifix de bois, qu'on appelle *Volto Santo*, à qui l'on met des pantoufles de velours cramoisi les jours ouvrables, et des pantoufles de drap d'or tous les dimanches, un beau jour a pris sa volée de l'église de saint Ferdina, où apparemment il s'ennuyoit, pour venir s'établir dans une chapelle, au milieu de la cathédrale.

J'ai obligation de plusieurs détails importants sur Lucques au comte de R..., un des principaux tyrans de cette petite ville.

Le comte de R.... a vécu beaucoup en France. Il parle très-bien françois, sur-tout à *Thereza M*..., qui pense en anglois et parle en françois. Elle m'a dit que, quand on a ouvert la littérature françoise, on ne pouvoit plus supporter la littérature italienne.—Ah! madame! le Tasse! l'Arioste!—L'Arioste et le Tasse, m'a-t-elle répondu, sont des poëtes de tous les pays, et leur langue n'a été que la leur. — Et Métastase? (ai-je ajouté) car sûrement vous êtes sensible (je voulois dire qu'elle étoit jolie). Elle a très-bien entendu : elle a souri. — Métastase, à la bonne heure : encore n'a-t-il que le trait ; Racine au contraire peint et finit : Métastase effleure le cœur ; Racine le blesse. — Théreza M... dit de ces choses-là, et Théreza M... est jolie.

Le comte m'a introduit le même soir dans la principale conversation des nobles Lucquoises. C'est l'ennui qui y préside.

Les femmes m'en ont fait confidence, et elle étoit inutile. Une loi barbare qui a osé attenter à leurs charmes, qui leur a ôté la parure, les condamne à porter le deuil pendant tout le cours de l'année. Dans le carnaval, il est vrai, elles portent des robes de couleur, et en changent alors tous les jours. Étranges loix somptuaires !

J'ai eu beaucoup de peine à me procurer les loix criminelles de l'état de Lucques ; on ne les trouve pas chez les libraires : un avocat m'en a vendu un exemplaire, et prétend même l'avoir cédé.

J'ai représenté aux nobles Lucquois, combien il étoit extraordinaire que dans une république on ne pût se procurer la connoissance des loix criminelles. — On est censé les savoir, m'a-t-on répondu. — Dans une république, messieurs, on ne doit pas être censé savoir les loix ; on doit réellement les savoir : passe dans certaines monarchies, où les loix sont incertaines et impuissantes.

Expliquez-moi, monsieur le comte, comment la loi interdit aux citoyens la judicature, et la confie à des étrangers. — C'est afin que les juges, n'ayant aucun rapport intime avec les citoyens, soient plus impartiaux. — Mais, monsieur le comte, je veux que les étrangers n'apportent aucune relation intime avec les citoyens : pouvez-vous les empêcher d'en contracter tôt ou tard ? D'ailleurs, le meilleur gardien de l'intégrité d'un juge, n'est-ce pas l'opinion publique ? Or, l'opinion publique a bien moins de prise sur des étrangers, qui passent, que sur des citoyens, qui demeurent. L'honneur de tout homme est dans sa patrie. — Que voulez-vous ? C'est l'usage dans l'Italie. — Cet usage médit de l'Italie.

Monsieur le comte, pourquoi les jugements civils sont-ils soumis à l'appel, et non pas les jugements criminels ? — Cet usage est ancien. Il a été établi dans des temps de troubles, à la suite des guerres civiles. Il falloit alors imposer au peuple; il falloit suspendre le glaive immédiatement sur sa tête. — Je me doute bien que cette loi, comme tant d'autres, a été faite, non pour le peuple, mais contre le peuple. Les trois quarts des loix ne sont que des armes; les loix les plus douces sont des chaînes. Mais ce temps de trouble est passé : pourquoi donc maintenez-vous l'usage? — On y est fait. Il est dangereux d'innover dans les républiques. — Vous avez raison ; dans un état où le sommet écrase la base, le moindre mouvement dans la base est toujours fatal au sommet.

Permettez-moi encore une question. Par l'effet de vos substitutions indéfinies, de votre droit d'aînesse, qui interdit aux cadets tout établissement convenable, le nombre des individus nobles, et même des familles nobles, s'éteint insensiblement. — Cela est vrai. — Cet inconvénient vous oblige, pour remplir les différents départements du souverain, d'y appeller les jeunes nobles, dès qu'ils sont devenus majeurs. — Cela est vrai. —

Mais pourquoi ne corrigez-vous pas un abus si dangereux ? Pour cet abus-ci vous êtes sans excuse ; il n'y va que de votre intérêt. — L'intérêt présent, vous le savez, prévaut presque toujours sur l'intérêt à venir. On est homme avant tout ; on n'est citoyen qu'après. Vos réflexions sont justes ; on les a faites ; il est certain que l'ordre des nobles est fort réduit ; qu'à peine pouvons-nous former le nombre de cent vingt, nécessaire pour exercer, en entier, la souveraineté. — Mais comment, les cadets qui opinent au sénat, souffrent-ils des loix si oppressives ? — Les frères n'ont entre eux qu'une seule voix au sénat, et les aînés y viennent toujours. — Je conçois maintenant pourquoi vous avez tant divisé l'exercice de la souveraineté, et l'avez en même-temps abrégé au point, que, dans la révolution de deux mois, il n'en reste plus dans aucune main ; et que, dans la révolution de deux ans, il en a passé par toutes ; vous vous êtes craints vous-mêmes ; mais peut-être trop, et pas assez, au contraire, les étrangers et le peuple. Vous avez organisé votre gouvernement, comme si vous deviez être toujours en guerre entre vous, et toujours en paix avec vos voisins. — Cela peut être : cependant nous ne craignons rien. — Tant pis. Une république n'a jamais tant à craindre que lorsqu'elle ne craint plus rien. Mais d'où vient votre sécurité ? — Le grand-duc a confirmé tous nos privilèges. — Et vous ne craignez pas un homme qui peut confirmer tous vos privilèges ? Du côté du peuple, j'en conviens, je vous crois plus en sûreté : il est pauvre ; vous lui vendez le pain ; vous lui donnez des fêtes : il croit au *Volto Santo*, et même à la liberté ; et, vous autres nobles, croyez peu de choses. — Il est vrai qu'en général les nobles ont beaucoup de philosophie. — Oui, de la philosophie de Machiavel : vous crevez donc aussi les yeux à vos esclaves ? Le trône s'appuie donc aussi chez vous sur l'autel ? — Pourvu qu'il se soutienne, n'importe comment, sur le sable ou sur le roc.

M. le comte, vous pourriez me taxer, non pas d'indiscrétion, mais d'impertinence, si je creusois davantage votre constitution ; parlons à présent de tableaux. — Volontiers, me dit-il ; nous serons peut-être plus d'accord sur ce chapitre. Voulez-vous venir voir les miens ? Nous irons voir ensuite ceux du comte de B...

Le comte de R... a plusieurs beaux tableaux ; mais ceux du comte de B... sont supérieurs. Il possède l'esquisse de la belle scène de *Paul Véronèse*, dont l'original est à Gênes.

Ah! voilà le Correge ; car voilà la grace. C'est un petit enfant qui caresse un agneau. Il le touche à peine : on diroit que ses petites mains le baisent.

Parler d'autres tableaux, après avoir parlé d'un tableau du Correge ! les graces ne me le pardonneroient jamais.

Que reste-t-il donc à dire sur Lucques?

A Lucques, il faut entrer dans le palais du sénat; mais seulement pour avoir vu le palais du sénat de Lucques.

A Lucques, j'ai vu sur la boutique d'un libraire un livre intitulé, *des avantages et de la sainteté de la virginité prouvée par l'écriture et la vie des enfants :* et sur la table du sénat, un livre intitulé, *de la richesse des nations,* par Smith.

A Lucques, on peut visiter la bibliothèque des Jacobins, pour voir des livres qu'on ne lira jamais.

A Lucques, quoi qu'en dise M. de..., on est assailli de pauvres, et le peuple n'est pas féroce.

Le peuple est-il heureux à Lucques ? Car voilà par où il faut finir toutes les recherches et toutes les questions sur un peuple.

Mais que cette question est difficile à résoudre ! Qu'il est difficile de définir le bonheur et le malheur d'un peuple, et sur-tout de les mesurer ! — Avec le poids de la population, m'a dit le comte de R... Or, d'après ce poids, a-t-il ajouté, le peuple de Lucques est heureux. La population en effet est telle, ici, que le pays ne peut la nourrir.

Vous croyez, M. le comte, au bonheur de pères qui ne peuvent nourrir leurs enfants, d'enfants qui sont obligés de fuir leurs mères, de citoyens que leur patrie expose? — Mais vous savez pourtant bien que la population est le thermomètre de la prospérité d'un pays. — Je sais, M. le comte, qu'on le prétend, qu'on le dit, qu'on l'écrit; mais peut-être en est-il, de cela, comme de presque tout; le bien est au milieu. Je crois qu'en-deçà et au-delà d'une certaine masse de population, le malheur d'un peuple commence. Il faudroit considérer la population sous différents points de vue; comme cause et effet de la prospérité publique; dans les grands et petits états; dans certaines situations politiques; à différentes époques de la civilisation : et c'est ce qui est encore à faire.

Ce qu'il y a de sûr, c'est que le peuple Lucquois n'est pas content. Que dis-tu, mon ami, de la liberté, disois-je à un homme du peuple? — Bonne pour les nobles, monsieur; mais non pas pour nous. — Et un autre; *timor* fait plus ici qu'*amor*. — Et un autre; les nobles ne paient aucun droit d'entrée ; on n'ose pas fouiller leurs voitures.

Les nobles s'occupent beaucoup plus, ici, qu'à Gênes, du gouvernement. Ils ont à la vérité beaucoup moins d'autres intérêts; ils n'ont pas celui du commerce : d'ailleurs, la petitesse de leur état est à la fois, pour eux, une sauve-garde et une menace continuelle.

Hier le sénat de Lucques est resté assemblé, depuis cinq heures du soir jusqu'à quatre heures du matin. De quoi étoit-il question? De donner une retraite à un sergent.

Il n'y a pas six cents hommes de garnison à Lucques ; et M. de *** en compte six mille.

Les paysans Lucquois se tuent pour la moindre querelle. Pour une injure, un coup de couteau. Les disputes ne sont pas longues avec de pareils arguments. Le voisinage des montagnes, la proximité des états voisins, et le défaut de bonne justice, entretiennent dans ce peuple cet esprit de *vendette*.

Adieu Lucques; adieu M. R...; adieu *libertas;* mais adieu sur-tout *Thereza M...;* car il n'y a vraiment que vous, *Thèreza M...,* que l'on quitte, en partant de Lucques.

LETTRE XXIV.

A Pise.

Avant d'arriver à Pise, on rencontre des eaux minérales.

Le grand-duc y est, depuis trois semaines, avec la grande-duchesse, et quelques-uns de leurs enfants qu'on inocule.

J'ai visité les bains. C'est la plus belle eau, qui coule dans le plus beau marbre, et avec elle, dit-on, la santé.

Pise est bâti sur les deux bords de l'Arno. Il est désert. Une population de 120,000 citoyens, sous les consuls et les premiers Médicis, s'est réduite insensiblement à 15,000 habitants, sous les rois. Il est vrai que le commerce de l'Inde ne passe plus par l'Italie.

La cathédrale de Pise, qu'on appelle le *Dôme*, mérite l'attention du voyageur. Sa tour fixe d'abord les regards : elle les effraie. Elle est tellement inclinée qu'on croît qu'elle tombe ; mais ce qui rassure, c'est que, depuis plusieurs siècles, elle tombe ; comme l'empire romain sous les Césars.

Ce phénomène est la matière d'un grand problème. Est-ce un accident du sol, ou la volonté de l'architecte qui a incliné cette tour ? Discuter ici cette question seroit une belle occasion pour être ridicule et ennuyeux ; il faut tâcher de la manquer.

Il vaut mieux considérer les portes d'airain de la cathédrale, qui ont servi sans doute de modèle à ce demi-vers de Virgile : *spirantia mollius æra*. Cet airain respire en effet.

La cathédrale est grande et majestueuse : deux rangs de colonnes antiques de granit, au nombre de soixante-dix, et qui sont les débris d'anciens temples, n'ont pu être défigurés par le goût gothique qui les a rassemblés là.

Le baptistère ou la rotonde a aussi son mérite.

Mais on est saisi, on est frappé, en entrant dans le *campo santo*, autrefois le cimetière des Pisans; superbe et immense cloître, rempli de tombes et de mausolées de marbre, dont plusieurs sont admirables. Un de ces mausolées a été érigé à Algarotti, par le roi de Prusse. *Ovidii æmulo, Newtonii Discipulo, Fredericus Magnus.* Les noms d'Ovide, d'Algarotti, de Newton, de Frédéric, sur un tombeau !

Le milieu de ce cloître est un jardin, dont le sol est de la terre sainte, que les Pisans apportèrent, du temps des croisades, pour y enterrer leurs morts. Cette terre a, dit-on, une propriété remarquable : elle dévore un cadavre en une heure. Mon imagination retournera plus d'une fois au *campo santo*. Tous ces marbres, toutes ces épitaphes, ce long cloître, ce silence, cette solitude, cette terre, ces grands noms, ces siècles : que le cœur est ému et pressé parmi tout cela !

LETTRE XXV (1).

A Florence.

La plus belle galerie du monde, mon cher ami, est à Florence; mais je ne vous parlerai point aujourd'hui de tableaux, de statues, d'images; j'ai vu Léopold et son peuple.

Léopold aime son peuple, et il a supprimé les impôts qui n'étoient pas nécessaires; il a licencié presque toutes ses troupes : il n'en a gardé que ce qu'il falloit, pour en conserver un modèle.

Il a détruit les fortifications de Pise, dont l'entretien étoit fort coûteux; il a

---

(1) Cette lettre, adressée à M. le Marquis de Marnésia, a été insérée dans son intéressant poëme *sur la nature champêtre*.

renversé les pierres qui dévoroient les hommes.

Il a trouvé que sa cour lui cachoit son peuple ; il n'a plus de cour. Il a établi des manufactures. Il a fait ouvrir partout des chemins superbes, et à ses frais. Il a fondé des hôpitaux ; on diroit que les hôpitaux, dans la Toscane, sont les palais du grand-duc. Je les ai visités, et j'ai rencontré par-tout la propreté, l'ordre, les soins délicats et attentifs. J'ai vu des vieillards malades, ils avoient l'air d'être servis par leurs enfants ; j'ai vu des enfants malades, ils avoient l'air d'être servis par leurs mères. Je n'ai pu voir, sans verser des larmes, ce luxe de la miséricorde et de l'humanité. Sur les façades de ces hôpitaux on a donné à Léopold le titre de *père des pauvres* ; Les hôpitaux seuls lui donnoient ce titre. Il est des monuments qui n'ont pas besoin d'inscriptions. Le grand-duc vient souvent visiter ses pauvres et ses malades; il ne néglige pas le bien qu'il a fait; il n'a pas seulement des mouvements d'humanité, il a une ame humaine. Il ne paroît jamais dans ce séjour des angoisses et des douleurs, sans faire verser des larmes de joie; il n'en sort jamais, sans être couvert de bénédictions. On croit entendre la reconnoissance d'un peuple heureux; et ces cantiques s'élèvent d'un hôpital.

On peut être présenté au grand-duc, sans avoir quatre cents ans de noblesse, sans descendre de ceux qui ont disputé la couronne à ses ancêtres. Son palais est ouvert à tous ses sujets sans exception, comme les temples. Il y a seulement trois jours dans la semaine, consacrés plus particulièrement à une certaine classe d'hommes; ce n'est ni aux grands, ni aux riches, ni aux peintres, ni aux musiciens, ni aux poëtes ; c'est aux malheureux.

Ailleurs, le commerce et l'industrie sont devenus, comme les terres, le patrimoine d'un petit nombre d'hommes: chez Léopold, tout ce qu'on sait faire, on peut le faire ; on a un état, dès qu'on a un talent ; et il n'y a qu'un seul privilège exclusif, c'est le génie.

Les prières qu'on fait à Dieu pour lui demander des moissons, ne font plus descendre la famine dans les campagnes. Ce prince a enrichi l'année d'un grand nombre de jours de travail, qu'il a repris à la superstition, pour les rendre à l'agriculture, aux arts et aux bonnes mœurs. Il est occupé d'une réforme entière de sa législation. Il a vu une lumière nouvelle dans quelques livres de la France ; il se hâte de la faire passer dans les loix de Florence. Il a commencé par simplifier les loix civiles, et par adoucir les loix criminelles. Il y a dix ans que le sang n'a coulé en Toscane sur un échafaud. La liberté seule est bannie des prisons : le grand-duc les a remplies de justice et d'humanité.

Cet adoucissement des loix a adouci les mœurs publiques; les crimes graves deviennent rares, depuis que les peines atroces sont abolies : les prisons de la Toscane ont été vuides pendant trois mois.

Le grand-duc a porté deux loix somptuaires admirables, l'accueil qu'il fait à la simplicité, et son exemple.

Quand le soleil se lève sur les états de ce prince, le prince déjà les gouverne. A six heures du matin, il a essuyé bien des larmes. Ses secrétaires d'état sont des commis.

Les nobles trouvent qu'il ne les distingue pas assez ; les prêtres, qu'il ne les craint pas assez ; les moines, qu'il ne les enrichit pas assez ; les gens en place, qu'il les surveille trop. Dans ses états le magistrat juge ; le militaire sert ; le prélat réside ; l'homme en place fait sa place : c'est que le prince règne.

Ses enfans ne sont pas élevés dans un palais ; mais dans une maison : il cherche à en faire des hommes, non pas des princes, car ils le sont. L'éducation qu'on leur donne les rapproche sans cesse des malheurs, dont leur condition les éloigne. On expose leurs cœurs à tout ce qui peut les ouvrir à la pitié et à la bienfaisance. — J'ai vu dans leurs mains les ouvrages de Locke.

«Je ne connois, disoit un jour le grand-duc, que deux sortes d'hommes dans mes états, les gens de bien et les méchans ».

Il est question, dans ce moment, de donner des fêtes au roi et à la reine de Naples : on lui a proposé, pour subvenir aux frais, une imposition fort modique. « Ma femme, a-t-il répondu, a encore pour trois millions de bijoux ».

Le grand-duc est heureux, car ses peuples sont heureux, et il croit en dieu.

Quelles doivent être les jouissances de ce prince, lorsque tous les soirs, avant que de fermer les yeux sur son peuple, avant de se permettre le sommeil, il rend compte au souverain être, du bonheur d'un million d'hommes pendant le cours de la journée ! Figurez-vous un tel prince dans une telle confidence avec dieu.

J'oubliois une parole de Titus. On

regrettoit un jour devant le grand-duc, que ses états ne fussent pas plus étendus. « Ah ! s'écria-t-il, il y a encore des malheureux dans mes états »!

LETTRE XXVI.

A Pise.

Hier, en vous parlant du grand-duc, je ne vous ai montré que les rayons du soleil ; je veux vous montrer aujourd'hui ses taches ; du moins celles qu'on lui reproche ; celles que l'envie prétend avoir découvertes, mais avec son œil louche, qui faisoit lui-même ces taches.

On dit contre le grand-duc.

« Depuis qu'il a établi la liberté ab-« solue du commerce et de l'industrie, « les artisans sont sans pain ».

« Depuis qu'il a défendu d'empri-« sonner les débiteurs, on ne prête plus « aux malheureux ».

« Le grand-duc protège la mendi-« cité ».

On dit enfin contre le grand-duc :
» Il hait le fisc et la noblesse, et il les
« vexe ».

Ecoutez ma conversation, sur les trois premiers chefs d'accusation, avec une personne très-instruite. Nous discuterons une autre fois le quatrième.

J'ai visité, lui ai-je dit, l'hôpital de Pise ; je n'ai jamais vu d'hôpitaux où l'humanité eût moins à se plaindre des palais. L'inscription qu'on lit sur la porte ne flatte pas : la providence de Léopold père des pauvres : *providentia Leopoldi patris pauperum.* Je l'ai vue, cette providence, je l'ai vue de mes yeux.

On pourroit encore mieux faire, m'a répondu la personne avec qui je parlois. — Ces hôpitaux ont du moins un grand avantage : c'est qu'ils sont très-aérés : l'air est pour la santé le premier des alimens, et le premier des remèdes pour la maladie. — Vous avez vu nos hôpitaux? Vous ne voyagez donc pas comme *la foule* des Anglois ? Sur cent il n'y en a pas deux qui cherchent à s'instruire. Faire des lieues par terre ou par eau ; prendre du punch et du thé dans des auberges, dire du mal de toutes les autres nations, et vanter sans cesse la leur : voilà ce que la *foule* des Anglois appelle voyager : le livre de poste est le seul où ils s'instruisent.

— Mais, dites-moi, je vous supplie ; quel effet la liberté indéfinie du commerce a-t-elle produit ?

— Un si bon effet, que je ne conseillerois à qui que ce fût de tenter de rétablir le régime réglementaire ; il seroit lapidé par le peuple. J'ai lu tout ce qui a été fait et écrit dans votre pays, pour ou contre la liberté. L'expérience a résolu la question en faveur de la liberté. Avant elle, il y eut en Toscane deux années pauvres ; il fallut que l'état achetât du bled ; il en coûta à l'état cent mille écus : il y eut beaucoup de troubles, et l'on apperçut la famine. Depuis la liberté, il est survenu trois années plus fâcheuses ; on n'a pas acheté de bled ; on n'a pas contracté de dettes ; il n'y a pas eu de troubles, et la Toscane a vécu. Je crois, à la vérité, qu'il faut, pour que la liberté du commerce soit salutaire, qu'elle soit indéfinie : quand on gêne le cours des rivières, il y a toujours des stagnations et des débordemens. La liberté du commerce a augmenté singuliérement la culture et l'industrie ; les laboureurs sont riches, les artisans à leur aise. Les premières années ont été pénibles ; mais c'est le sort des commencemens : lorsque la liberté commence à marcher toute seule, elle fait toujours quelque chûte ;

mais chaque chûte l'instruit, et chaque pas la fortifie. — Sans doute, ai-je répondu, toutes les loix, qui prohibent autre chose que des délits, sont oppressives.

J'ai demandé ensuite si le grand-duc s'occupoit d'extirper la mendicité dans ses états ; car la mendicité est une des grandes plaies, un des grands crimes des sociétés actuelles. La mendicité est une exposition des hommes.

Le gouvernement s'en occupe, me repondit mon interlocuteur; mais il ne peut aller vîte; la mendicité est favorisée par des préjugés religieux et des intérêts particuliers ; on emploie ici les mendians à savoir ce qui se passe dans les églises ; combien on a brûlé de cierges au *salut* ; quel prêtre a officié : et d'ailleurs on fait faire à ces mendians beaucoup de petites commissions, à peu de frais. Si le gouvernement gênoit la mendicité, la superstition crieroit à l'impiété, et l'avarice au despotisme : la mendicité a donc, en Toscane, des racines plus fortes et plus profondes que par-tout ailleurs : elle en a sous les autels.

Est-il vrai, ai-je demandé ensuite, que la défense faite aux créanciers d'emprisonner les débiteurs ait été cause qu'on a moins prêté aux malheureux, et qu'ils ont moins de ressources dans leurs besoins?

On le craignoit; l'événement a rassuré. Ce n'étoit jamais la caution de la liberté qui déterminoit à prêter, puisque cette caution étoit toujours inutile ou onéreuse. La loi a laissé aux créanciers la saisie des biens. Tout homme malheureux trouvera toujours à emprunter, sur sa probité; celui qui n'en a point, ne trouvera pas ; mais c'est un bien; on ne sauroit rendre la probité trop nécessaire.

Satisfait de ces réponses si lumineuses, quoique si simples, je demandai si on avoit supprimé en Toscane la question et la peine de mort. — Elles le sont, non par une loi, mais par des ordres ; on attend l'expérience pour faire une loi. — En effet, l'expérience seule révèle tous les biens secrets et tous les maux cachés ; et une bonne législation est comme la bonne physique, elle doit être expérimentale. Il faut essayer les loix.

Il fut question encore des asyles supprimés en Toscane, et maintenus à Rome : des abus et du scandale de cet usage ; de l'impossibilité que l'état ecclésiastique fût bien gouverné ; d'une bulle qui excommunie tous ceux qui des états du pape importent en Toscane certaines marchandises. Un paysan, me dit mon interlocuteur, répondit un jour assez plaisamment, « que cette excom-

« munication ne lui faisoit rien ; qu'elle
« ne pouvoit tomber que sur son âne,
« qui seul portoit la denrée, et qui heu-
« reusement avoit bon dos ». Nous parlâmes encore de la convention, entre tous les états d'Italie, de se rendre les criminels, excepté entre Gênes et la Toscane ; enfin de beaucoup d'autres objets d'économie politique.

Avec qui ai-je eu cette conversation ? A qui ai-je fait ces objections ? Qui les a ainsi résolues ? Un écrivain ? un magistrat ? un particulier ? C'est le grand-duc. C'est lui qui m'a donné une heure d'audience, qui a permis que je le questionnasse, que je le pressasse, que je le critiquasse : c'est le grand-duc qui a dit toujours ; *On a fait, le gouvernement a fait* ; qui jamais n'a parlé de lui : c'est le grand-duc qui a cette raison, cette simplicité, cette facilité : c'est le grand-duc qui repoussoit tous mes éloges; qui les paroit avec une adresse, que je n'ai pu tromper que deux ou trois fois : c'est le grand-duc qui m'a parlé pendant une heure, debout, dans un cabinet où une simple table est un bureau; des planches de sapin sans couleur, un secrétaire ; un bougeoir de fer-blanc, un flambeau : car le grand-duc n'a d'autre luxe que le bonheur de son peuple. — Et le grand-duc ne règne que sur la Toscane !

En sortant de cette audience, j'ai été admis à celle des trois aînés de ses enfans, dont le premier a seize ans. Le comte Manfrédini leur gouverneur, et digne de l'être, m'a introduit dans leur chambre ; car leur appartement (je l'ai déjà dit, mais il est bon de le répéter), car leur appartement est une chambre, et leur palais une maison.

J'ai trouvé l'aîné lisant le livre de la grandeur et de la décadence des Romains. — Monseigneur, vous apprenez-donc l'histoire ? — Oui, monsieur, c'est ma principale étude, avec l'essai de Locke sur l'entendement humain. — Monseigneur, vous étudiez Locke ! Il vous sera bien utile, lorsqu'un jour il vous faudra régler des cerveaux humains dans vos états, d'avoir décomposé le cerveau humain dans votre cabinet. Mais, permettez-moi de vous inviter à joindre à la lecture de Locke celle de l'art de penser, et de la logique de l'abbé de Condillac. — Nous savons que ces ouvrages existent, nous les lirons.

Nous avons causé ensuite sur Locke et sur Condillac, sur les avantages de l'esprit méthaphysique, qui seul conduit à la vérité, et de l'esprit analytique, qui seul la trouve ; sur le système de la liaison des idées, si fécond en vérités importantes, dont Condillac s'est prétendu l'inventeur, et qui tout entier est dans Locke. J'étois ravi, j'étois attendri de voir un prince s'essayer à l'art de rendre les hommes heureux, en apprenant l'art de connoître l'homme. Ce prince pourra gouverner par lui-même, car il connoîtra ; il pourra vouloir.

Ce matin, en me promenant dans le jardin botanique, j'ai rencontré un petit enfant à qui un démonstrateur faisoit connoître les plantes ; c'étoit un enfant du grand-duc. On aime à voir les enfants des rois avec la nature.

Il faut maintenant quitter le grand-duc à Pise, et l'aller chercher à Livourne. Le grand-duc est en effet dans tous ses états, et on le sait : c'est sa police.

Quelqu'un me disoit : il ne faut pas savoir tant de gré au grand-duc d'aimer le peuple ; le prince de. . . l'aime aussi. Le grand-duc, ai-je répondu, aime le peuple ; et le prince de...... aime la populace.

LETTRE XXVII.

A Florence.

Je vais vous entretenir de la célèbre galerie.

On a réuni dans son vestibule les portraits de tous les Médicis qui ont rassemblé, dans la galerie, cette foule de chefs-d'œuvres. C'est un trait d'esprit et de justice tout-à-la-fois. Les Médicis semblent se tenir tous ensemble dans ce vestibule, pour faire tous ensemble aux étrangers les honneurs de leur palais, et des restes de leur puissance.

Je me suis plu à considérer ces huit Médicis, entre les mains desquels, pendant plusieurs siècles, au milieu des guerres civiles et étrangères, et des paix qui les séparèrent, l'autorité souveraine, qui régit aujourd'hui la Toscane, a crû insensiblement; a crû depuis cette première influence de l'esprit, des vertus, et des richesses, qui commencent la monarchie, jusqu'à la puissance énorme du nom de prince, de l'habitude, et des cordons, qui achèvent le despotisme.

On compte dans la galerie cinquante-huit statues antiques, quatre-vingt-neuf bustes antiques, et trois groupes, qui le sont également; une foule d'ailleurs de grands tableaux.

Je vous parlerai d'abord des statues.

La première qui m'a frappé, c'est un superbe cheval qui s'élance, impatient, du marbre; et qui, du pied, des narines, de la crinière et de l'œil, semble, se sentant enfin créé, demander la terre, et dévorer l'étendue.

Approchons de ce romain qui harangue ; c'est César : tout son corps parle. C'est donc là cette bouche éloquente d'où sont sorties tant de chaînes !

Cet Apollon est admirable ! Quelles belles formes ! Cette ligne qui le dessine en entier, comme elle coule, comme elle fuit, comme elle revient, comme elle lie invisiblement tous les membres les uns aux autres ! Le souffle le plus doux et le plus pur de la vie enfle et soutient et anime tous ces beaux membres. Cette tête est bien inspirée ! Il y a de l'avenir dans ce regard !

Au commencement du printemps, dans un bocage, parmi les lilas et les roses, au bord d'un ruisseau qui murmure, au roucoulement des colombes, et au chant du rossignol, votre imagination aura beau rêver ; elle ne rêvera jamais rien de si délicieux que cette Flore. Tous ses charmes viennent d'éclore à l'instant, comme les fleurs qu'elle tient à la main.

Quel est ce dieu si charmant? C'est Mercure. Comment donc étoit fait l'amour ? Ce corps est vraiment divin : il n'a jamais ressenti les besoins du corps : il n'en a éprouvé que les plaisirs, quand ils ne sont encore que des plaisirs. Quelle harmonie dans ces formes ! Quelle mélodie ! Oui, elles composent pour l'œil (qu'on me passe cette expression) un air charmant. Il y a une musique de la couleur et de la forme, comme il y a une musique du son.

A côté de ce Mercure, on voit un Bacchus. A côté de ce Mercure, ce Bacchus est encore beau ; Michel-Ange a rapproché ce dieu, de l'humanité. Une femme tendre préférera Mercure : une femme passionnée choisira Bacchus.

Mais voici un autre Bacchus qui

surpasse encore le premier. Il est appuyé sur un faune. Quelle délicatesse admirable dans ces membres et dans ces formes ! Ce Bacchus échappe au regard : c'est, pour ainsi dire, tout ce qui reste d'un objet aimé, dans une imagination tendre, après quelque temps d'absence. Quoi, c'est là le fameux Bacchus de Michel-Ange ! me disoit un amateur, où est donc l'ivresse qui doit caractériser Bacchus ? Son regard n'est pas troublé ! il ne chancelle seulement pas ! Est-ce que Bacchus (lui répondis-je), étoit un homme ?

Je ne peux m'arrêter à chacune de ces statues : elles ont toutes des beautés qui leur sont propres, et d'autres qui leur sont communes. Dans toutes, le nû est de la chair ; les draperies sont des étoffes ; dans toutes, on ôte ou l'on pose, de la pensée, les vêtemens qui les

les voilent ; leurs vêtemens les plus épais ne sont que des voiles.

Cette ligne unique, avec laquelle la nature dessine le corps humain, a pris ici, sous le ciseau et le génie des différens artistes, les formes les plus agrables, les mouvemens les plus souples, les ondulations les plus molles : cette ligne ne trace aucun angle ; c'est par des contours qu'elle fuit ; c'est par des contours qu'elle revient ; jamais elle ne s'arrête, et jamais elle n'arrête l'œil ; chaque forme est toujours le commencement d'une autre forme. C'est ainsi qu'écrivent Racine, Virgile et Fénélon. Les Grecs avoient-ils donc appris de l'art toutes les propriétés de cette ligne créatrice, étudié tout ce qu'elle pouvoit produire pour le plus grand plaisir de l'œil ; ou la nature la leur avoit-elle présentée elle-même sur les corps humains, qu'elle faisoit éclore sous son climat favori ? En un mot, les artistes grecs n'ont-ils fait que traduire une nature plus heureuse ; ou bien l'ont-ils inventée ?

Je ne m'arrêterai point devant ce Laocoon, traduit par Bandinelli; l'original est à Rome.

Revenons à présent sur nos pas, et parcourons à la hâte cette collection de bustes des empereurs et des impératrices de Rome. Baissons les yeux, voilà l'Antinoüs ; détournons-les., voilà Néron; arrêtons-les, voilà Marc-Aurele; laissons-les errer un moment au hasard, voilà cette foule d'empereurs d'un jour et de nom. Toutes ces têtes du despotisme que l'univers a vues successivement dans l'espace de trois cents ans, les voilà !

C'étoit par ces yeux, ces bouches,

ces sourcils, ces fronts, que, pendant tant de siécles, le genre humain a tremblé! qu'au gré de leurs moindres mouvemens, d'un bout du monde à l'autre, couloient le sang et les larmes !

Trajan, Titus, Marc-Aurele, je souris, à votre aspect, comme l'univers, à votre nom.

LETTRE XXVIII.

A Florence.

Non, je n'oublierai point ce tableau.

Jésus est sur la croix : sa mère est aux pieds, et regarde ; mais d'un air si indifférent, qu'il semble que ce n'est ni son fils, ni un homme crucifié qu'elle regarde. Indifférence sublime ! elle est dans le secret de cette mort. Ainsi pensoit Michel-Ange.

Pourquoi ce plafond est-il chargé d'arabesques ? Pourquoi des ornemens si mesquins ? Pourquoi, au plafond de la galerie de Florence, des ornemens ? — Ils sont de Michel-Ange. — Eh bien ! ôtez-les delà, et portez-les à Paris dans des boudoirs. Les arabesques de Michel-Ange me rappellent les pièces fugitives de Corneille.

Quoi ! une collection de portraits, à côté de la collection de ces beaux antiques ! Artistes, la belle nature en repos, ou la nature commune en mouvement ! Tout le reste ne peut intéresser et qu'un pays et qu'un siècle ; le reste meurt.

Mais comment le goût a-t-il pu souffrir qu'on plaçât, parmi tant de beaux tableaux, cette Vénus qui *peigne* l'amour ? Est-ce que l'Amour a besoin d'être peigné ? Cherchez dans la chevelure de l'amour, une feuille de rose, qui sera tombée de sa couronne, lorsqu'il aura tendu son arc.

Il faut repasser devant ce charmant Mercure, pour effacer cette Vénus.

LETTRE XXIX.

A Florence.

Cette célèbre improvisatrice, qui a fait tant de bruit en Europe, qui a été couronnée, il y a quelques années, au Capitole, où l'avoit été Pétrarque, où devoit l'être le Tasse, Corilla, la célèbre Corilla, je l'ai vue hier : mais je suis arrivé trop tard.

Cette imagination volcanique est éteinte. Cependant elle lance encore, de temps en temps, des étincelles.

Elle m'a lu plusieurs de ses sonnets. Je n'ai pu en saisir toutes les beautés, ou plutôt j'y en ai vu trop peu, c'est-à-dire trop peu d'idées, de sentiments et d'images.

Cette langue italienne les amuse et

les trompe par sa douceur et sa mélodie. Charmés de la musique qu'elle fait entendre, ils ne lui demandent ni pensées, ni sentiments : c'est comme nous, à nos jolies femmes, et à nos opéra comiques.

Delà ce luxe de mots, et cette misère d'idées qu'on remarque dans tous leurs discours ; au lieu de ne mettre sur la pensée que le moins de mots qu'il est possible, ils se plaisent à l'en surcharger : aussi, quand on dépouille la plupart des phrases, il en sort à peine une idée.

Rien n'est plus facile que d'improviser, en italien ; dans une langue où chaque phrase peut être un vers, chaque mot peut être une rime, dans une langue qui a tant d'échos. On n'exige pas d'ailleurs d'un improvisateur, qu'il pense, ni qu'il fasse penser. Une certaine mesure de lieux-communs, des prétextes à des paroles ; voilà tout ce qu'on en attend.

On improvise souvent en chantant, ce qui est d'un grand secours ; pendant que la voix file les sons, les idées ont le temps d'arriver ; d'ailleurs, le mouvement du chant les excite. L'ame et le le corps se meuvent réciproquement, comme le cavalier et le cheval. Le moindre bruit autour d'un clavecin et d'un cerveau les fait résonner.

Quelques Italiens sentent l'inconvénient de la multitude de voyelles, dont leur langage est rempli.

J'ai fait observer à un poëte, qui vantoit beaucoup ce luxe, que les bons écrivains italiens supprimoient la voyelle à la fin de beaucoup de mots, et multiplioient les consonnes ; et cela, pour faire des ombres, pour briser l'uniformité, pour *enrayer*, en quelque sorte, la phrase, que les voyelles précipitent.

Des italiens qui étoient là, tous gens de lettres, en sont convenus. Le poëte seul a tenu bon.

Mais, me disoit-il, si on vous donnoit le choix d'écrire dans une langue composée de voyelles, ou dans une langue composée de consonnes, ne choisiriez-vous pas la première ? — C'est comme si vous me demandiez si, pour peindre, je préférerois une palète uniquement chargée de couleur de suie, à une palète chargée uniquement de couleur de rose. Je n'en préférerois aucune : j'aurois également besoin de l'une et de l'autre.

Corilla a prié M. *Nardini*, le plus fameux musicien d'Italie, de nous charmer avec son violon. Ce violon est une voix, ou en a une. Il a touché des fibres de mon oreille, qui n'avoient jamais frémi. Avec quelle ténuité Nardini divise l'air ! avec quelle adresse il exprime le son de toutes les cordes de son instrument ! avec quel art, en un mot, il épure et travaille le son !

LETTRE XXX.

A Florence.

Voila la quatrième fois que je viens de la voir, et je ne l'ai pas encore vue. — Il y a deux heures que je la regarde, et je ne puis me lasser de la regarder. — Je voudrois pouvoir la peindre, et je ne peux seulement pas la décrire. — Elle échappera toujours au pinceau, au cizeau et à la parole : il n'existe aucune langue au monde, qui puisse modéler tant de charmes. — Vous voyez que c'est de la Vénus de Médicis que je parle.

Je suis assis devant elle, la plume à la main. Figurez-vous quelque chose de mille fois plus beau que tout ce que vous avez jamais vu de plus beau, de mille fois plus touchant que tout ce qui a pu vous toucher, de mille fois plus ravis, sant que tout ce qui a pu vous ravir: c'est-là la Vénus de Médicis. Dans cette Vénus en effet, tout est Vénus.

Tout ce que vous distinguez en elle, est une grace.

Toute la surface de ce corps délicat est fleurie de jeunesse, et brille de divinité.

Ne croyez pas que j'exagère; je ne parle point avec enthousiasme : regardez vous-même cette tête ! Chacun de ces traits ne respire-t-il pas la volupté, comme chaque feuille d'une rose exhale la rose ?

Dans quel dédale de beautés l'œil se perd et s'égare ! Il descend, ou plutôt il glisse de beauté en beauté, de grace en grace, de charme en charme, en suivant la ligne la plus fugitive, du sommet de ce front divin, à l'extrêmité de ce divin pied, sans pouvoir préféré rrien, sans pouvoir jamais s'arrêter : il n'ose reposer sur ces doigts, tant ces doigts sont délicats ; il n'ose appuyer sur ce sein, il est si pur !

Vous dites : quels sens pourroient ne pas s'enflammer devant la Vénus de Médicis ? Ceux de tout homme vraiment sensible. Elle touche, elle émeut, elle échauffe ; elle n'enflamme point : elle fait éclore dans le cœur cette délicieuse tendresse, pure encore de tout desir, dont le cœur est si doucement animé, lorsqu'il s'entr'ouvre à l'amour.

Mais Vénus, dit-on, est nüe. Vous ne voyez donc pas sa pudeur ?

Quelle pensée occupe Vénus ? Elle ne pense point : Vénus ne fait que sentir.

Que la molle inclinaison de ce corps me plaît ! Avec quelle grace se dérobe ce pied timide sous le plus charmant genou !

Vénus est sur la terre; mais Vénus n'y pose pas.

A force de contempler cette Vénus, je crois, quelquefois, que c'est elle : j'éprouve je ne sais quel embarras.

On a dit, qu'il y a de la femme dans tout ce qu'on aime; on peut dire, qu'il y a quelque chose de la Vénus de Médicis dans tout ce qui charme.

LETTRE XXXI.

A Florence.

Vous vous souvenez de Jacques II, de la famille infortunée des Stuart, de ce prétendant, d'abord soutenu, ensuite abandonné par la France ; que Rome avoit accueilli, et que Rome a négligé ; destinée commune à tous les malheurs : (car la pitié, cette passion pourtant divine, n'est pas plus fidelle que toutes les autres) : eh bien, ce prétendant, c'est le vieillard accablé d'années, d'infirmités, de disgraces, et surtout du nom de Stuart, qu'on appelle aujourd'hui le comte ✱✱✱, et qui finit à Florence dans toutes les afflictions d'une vieillesse pénible, la destinée d'un homme, dont le sang a régné jadis, et qui n'a pu l'oublier.

Il mourra, le regard attaché sur cette couronne, qu'il n'a jamais pu placer que sur son cachet, et dans les paneaux de sa voiture.

Ce vieillard étoit depuis long-temps à Rome : il y avoit une cour, une garde ; mais on lui refusoit le nom de majesté. Un jour il quitte Rome pour venir à Florence, où il n'a ni garde, ni cour, et où on ne lui donne pas le nom de majesté : mais, en revanche, il a appellé auprès de lui toutes les vertus qui peuvent consoler un vieillard infirme, un père malheureux, et même un roi détrôné ; il a appellé sa fille la duchesse..... S'il ne falloit que des cœurs pour remonter sur le trône de ses pères, elle y remonteroit avant peu. Elle est la bonté même : mais cette bonté que la raison ne commande point, qui coule du cœur, qui a de la grace, qui charme, qui se fait adorer, qui suppose tant de vertus, et qui n'en paroît pas une.

Puisse la duchesse.... être heureuse! Puisse son père oublier que le nom de *Stuart* fut un nom de roi! Puissent, en voyant sa fille, tous les hommes s'en ressouvenir!

La duchesse m'a montré les présents de Louis XIV à Jacques II, à son arrivée en France, lorsque le sort eut réduit ce roi à recevoir des présents; à la vérité, de Louis XIV.

Elle m'a montré la toilète d'or, que la reine trouva le soir de son arrivée, dans son appartement. *Les temps sont bien changés*, (m'a-t-elle dit) : telle n'en a pas dit davantage. Je me trompe : elle a souri.

Ses soins pour son père sont touchants! Quand ce vieillard se rappelle que son nom a régné, ses larmes alors ne sont pas seules ; la duchesse pleure avec lui.

La duchesse a auprès d'elle une dame d'honneur, et le comte, un écuyer ; c'est un lord. — Voilà toute leur cour, avec le respect qu'inspirent aux cœurs bien nés, le malheur, la vieillesse et la vertu.

Je finirai ici ma lettre : je veux laisser dans mon ame cette douce tristesse.

LETTRE XXXII.

A Florence.

N'entrez jamais dans le cabinet de l'*hermaphrodite*, si vous ne voulez pas rougir de plaisir et de honte tout-à-la-fois : je n'ose même pas dire qu'il est trop beau. Aimable pudeur, doublez votre voile, dans ce cabinet trop célèbre.

Que ceux qui veulent voir le Mercure de bronze, par Jean de Bologne, se hâtent : le voilà déjà qui s'envole. Quelle légèreté ! L'artiste l'a ingénieusement suspendu sur un petit morceau de bronze qui imite, qui rend le souffle de Borée. Le dieu est vraiment en l'air ; cependant on ne craint rien pour lui : on sent qu'il monte.

Quelle suavité dans les formes ! Quelle finesse dans l'expression ! Je ne puis quitter ce Mercure, que pour considérer Hercule enfant.

Loin, bien loin tous les autres Artistes; ils n'ont représenté que le présent: celui qui a fait Hercule enfant, a représenté l'avenir. On pressent dans cet Hercule, qui n'a pas dix ans, l'Hercule qui en aura trente.

Je passe tous les tableaux de l'école flamande, toutes ces statues, tous ces bronzes : je laisse le peuple.

Quelle blessure profonde a causé la profonde douleur qui voile, sur ce buste, la physionomie d'Alexandre! Tu as ravagé le monde, Alexandre; mais le monde me paroît vengé.

Voici Brutus. Il n'est encore qu'ébauché. Je lis au bas de son buste : *Si Michel-Ange n'a fait qu'ébaucher ce buste, c'est qu'il lui est revenu tout-à-coup en mémoire le crime que Brutus avoit commis, et le ciseau est tombé de ses mains.* Quel est l'esclave qui a fait une telle inscription? Léopold, ce n'est pas à toi à laisser outrager Brutus; car tu n'as pas à le craindre.

Quel dommage que ce buste ne soit qu'ébauché! Mais cependant déjà quelle ame! Que de Brutus déjà dans cette ébauche!

L'imagination de Michel-Ange étoit de niveau avec l'ame de Brutus.

Il ne faut point sortir de la galerie, sans avoir assisté à la tragédie, en marbre, de Niobé.

Toute la famille de Niobé, au nombre de quatorze, est rassemblée dans une salle. Déjà un de ses fils a été percé d'un trait parti de la main d'Apollon: il est là, au milieu de la salle, étendu, nageant dans son sang, mort: le reste éperdu, ou fuit, ou se cache, ou demeure : sur ce front est l'épouvante, sur celui-ci, la menace, sur cet autre, déjà la mort, et sur le visage de Niobé, toute l'ame d'une mère qui voit périr à la fois tous ses enfans. Quelle est belle et sublime de douleur, cette mère ! Elle tâche de cacher entre ses bras la plus jeune de ses filles ; la plus jeune de ses filles est charmante ! et on ne voit cependant que ses épaules. On diroit que l'artiste a employé tout son art à les faire belles, afin d'attendrir Apollon.

C'est le grand-duc qui a rassemblé dans cette salle toutes ces statues. Peut-être auroit-on pu les réunir d'une manière plus pittoresque : elles ne devroient pas être rangées symétriquement en cercle ; elles devroient être séparées ; les unes, sur le haut d'un rocher ; d'autres, sur le penchant ; les autres, au bas : il faudroit qu'on les vît fuir.

Jettons maintenant un regard sur quelques-uns des tableaux. Je ne trouve pas les tableaux dignes des statues : la toile, dans cette galerie, est bien vaincue par le marbre.

Cependant il faut rendre justice à ce Joseph : les autres ne font que s'en aller; celui-ci fuit : il triomphe, car il résiste. Le combat de deux affections intéressantes, sur un beau visage, est un spectacle touchant !

Il y a de véritables larmes dans les les yeux de ce saint François : elles vont couler.

Ce Pilate, qui renvoie Jésus, est d'une composition admirable. Il est sur son siège (c'est un vieux juge); il se lave les mains dans un bassin qu'on lui présente : tout en se lavant les mains, il lève tant soit peu les yeux, et il s'en échappe obliquement un regard qui tombe à moitié sur Jésus, et qui dit : *cet homme-là, je crois, n'est pas si coupable ; ma foi, qu'ils le fassent mourir : je m'en lave les mains.*

Le peintre auroit peut-être voulu que je m'écriasse ; «—cette Magdeleine me touche ! »—alors il n'eût pas dû la faire jolie, mais belle. Cependant elle l'emporte sur toutes les autres Magdeleines. Que de componction, en effet, sur ce doux visage ! Que ces belles larmes sont pénitentes ! Elle est à moitié assise dans l'ombre, contre un rocher, toute nue, voilée uniquement de ses cheveux et de sa douleur : cette chevelure est divine ; elle coule sur tout son corps.

LETTRE XXXIII.

A Florence.

Je voudrois pouvoir décrire le cabinet d'histoire naturelle, que, depuis dix ans, le grand-duc s'occupe d'enrichir, et M. Fontana, d'arranger.

Cinquante chambres sont déjà pleines des trésors de cette collection. On en remplira cinquante autres.

Il est impossible de rendre l'élégance des appartemens, l'ordre, la distribution; non-seulement tout paroît, mais tout se montre, tout vous appelle.

Les armoires de ce cabinet représentent les cases de la mémoire de M. Fontana, remplies d'histoire naturelle.

Je ne pouvois me lasser de parcourir

ces chambres, d'errer de règnes en règnes, de visiter tous ces différens empires de la nature, d'en examiner tous les trésors; de suivre la nature distribuant le mouvement dans tous les individus organisés; en donnant davantage à ceux-ci, en donnant un peu moins à d'autres : mouvement que tous ces individus lui rendent ensuite dans la proportion où ils l'ont reçu, plus vîte ou plus lentement, sous toutes les formes possibles, en exécutant tous les jeux du brillant phénomène de la vie.

Mais ce qui a arrêté mes regards, c'est l'homme. Une cire savante, et peut-être plus durable que l'airain, en offre, dans ce cabinet, une image complete. Vous voyez toutes les pièces les plus secrettes de cette machine si compliquée, d'abord isolées, éparses, ensuite rassemblées, réunies, et toutes prêtes à remplir dans le concert de l'économie générale du corps humain, à leur tour et à leur place, la partie qui les concerne, toutes prêtes à vivre.

Ces détails remplissent une douzaine de chambres : il n'y a, pour ainsi dire, pas un point de cette copie de l'homme, qui n'ait exigé le sacrifice d'un exemplaire entier de l'original. Ce type en cire a consommé mille cadavres. Quel travail ! quelle patience ! Mais aussi quel beau monument !

L'empereur en a été tellement satisfait, qu'il en a commandé un pareil. Il faut trois ans pour le faire. J'y ai vu travailler.

Je regrète bien de n'avoir pu étudier ce type universel de l'homme. Quelques regards que j'ai jetés dans le système névrologique, y ont entrevu plusieurs secrets. La philosophie a eu tort de ne pas descendre, plus avant, dans l'homme physique; c'est-là que l'homme moral est caché. L'homme extérieur n'est que la saillie de l'homme intérieur.

Que ne puis-je laisser reposer ma pensée sur un si beau sujet !

Je voudrois encore qu'elle pût s'arrêter sur ces échantillons de tous les métaux, sur leurs destinées différentes, sur la fortune singulière du fer et de l'or.

Je voudrois étudier aussi ces êtres singuliers que l'on trouve dans l'ergot du bled, qui, réduits au dernier degré de dessication, offrant tous les signes apparens de la matière morte, cependant sont organisés, vivent, ou plutôt sont aptes à recevoir la vie.

M. Fontana a proposé de faire, devant moi, cette expérience ; il ne lui faut qu'une goutte d'eau. Il se donne bien de garde de la laisser tomber sur ces animaux poussière ; elle les briseroit en tombant : il approche, peu à peu, la goutte d'eau au bout d'une aiguille, et, peu à peu, le petit animal se pénètre de fraîcheur ; tous les atomes qui le composent se rapprochent, se lient, font un tout : déjà le mouvement existe ; il gagne, il s'avance, il circule, et l'animal a la vie.

Les conséquences, qui résultent de cette expérience, sont de la dernière importance ; elles jettent un grand jour sur la vie et la mort de la matière.

M. Fontana n'ose point écrire sur ce sujet ; il craint d'être excommunié. Tout le pouvoir du grand-duc ne le sauveroit pas des suites de l'excommunication, qui a encore beaucoup de pouvoir, même en Toscane.

Ce n'est pourtant pas que le système de M. Fontana attaque quelque dogme de la religion ; mais le mot seul *raison* fait peur à Rome.

Avant de sortir de ce beau cabinet d'histoire naturelle, je veux jetter un regard sur cette pierre singulière qui a été de l'eau. L'eau qui coule de cette fontaine, dans un vase, au bout d'une heure, est une pierre.

M. Fontana a ouvert des routes, ou nouvelles, ou plus sûres, dans le labyrinthe de la nature. Malheureusement ses grandes occupations, et sur-tout la proximité de Rome, l'empêchent d'écrire, le découragent quelquefois de penser.

M. Fontana a un esprit net, lumineux, méthodique; point d'*iris* dans les verres à travers lesquels il regarde et étudie la nature : il ne voit jamais que ce qui est.

M. de Fontana ne jouit d'aucune

considération à Florence, et sur-tout parmi les nobles. C'est, de la part de la noblesse, mépris pour les philosophes : elle n'est pas assez éclairée pour les haïr.

LETTRE XXXIV.

A Florence.

Quelle masse ! quelle élévation ! quelle circonférence ! Est-ce une montagne de marbre, qu'on a taillée ? C'est la Cathédrale.

On entre, et, du premier regard, l'imagination touche au ciel ; mais, au second, elle tombe ; car ces colonnes gothiques sont trop foibles pour la soutenir.

Les Goths croyoient que le grand étoit le beau, et que l'énorme étoit le grand.

Que nous avons d'écrits en prose et en vers, dans le genre gothique !

La proportion ! Ce n'est pas la proportion seule qui fait le beau ; mais, sans elle, il n'y a point de beau.

On dit que la nature ne fait rien par *sauts :* l'art doit imiter la nature.

On a bien suivi cette règle dans *le baptistère ou église de saint Jean,* qu'on a construite à vingt pas de la cathédrale. Chaque face est portée sur deux superbes colonnes ; l'édifice entier s'élève et s'appuie sur seize : ce qui forme, au centre, un espace immense, où, du milieu de la voûte, une seule ouverture verse une lumière religieuse et solemnelle, qui se répand dans le temple.

Ce beau temple est fermé par des portes d'airain, sculptées avec un art admirable, telles que Michel-Ange disoit, qu'elles auroient dû ouvrir et fermer le ciel.

J'en demande pardon à Horace ; mais ses vers dureront moins que ces portes d'airain ; il sera impossible au temps de les dévorer ; plusieurs siècles déjà ont passé dessus, et n'y ont pas laissé la trace d'un jour.

LETTRE XXXV.

A Florence.

Il ne faut pas manquer de voir le *Poggio impériale.*

C'est une maison de plaisance où le grand-duc passe quelquefois une partie de l'été.

Elle n'est pas magnifique à l'extérieur, les jardins n'en sont pas brillants; mais elle est entourée de campagnes bien cultivées, véritables jardins d'un bon roi.

Quand le grand-duc est *au Poggio*, il n'a pas une sentinelle à sa porte : il a l'air d'être chez son peuple.

Tous les dimanches, le peuple de la ville et de la campagne y accourt; il vient boire, chanter, rire sous les yeux de son souverain : il n'y vient pas, comme ailleurs, oublier seulement ses maux, mais mieux goûter son bonheur.

Le grand-duc se promène souvent au milieu de son peuple. Il anime la joie en la partageant; il ne dédaigne pas de goûter à ces plaisirs, qui ne sont pas rafinés, mais vrais, et, en partie, son ouvrage.

Le grand-duc a imaginé un moyen sûr et bien simple, pour qu'on n'ait pas à se plaindre des gens en place : on peut s'en plaindre. Il a fait faire, dans les murs de ses palais, des ouvertures par où les plaintes les plus timides peuvent arriver jusqu'à lui. Ce sont des passages pratiqués pour la vérité.

Le grand-duc ne règne ni pour les nobles, ni pour les riches, ni pour les ministres, mais pour son peuple : il est vraiment souverain.

LETTRE XXXVI.

A Florence.

J'ai été voir la bibliothèque impériale.

Elle n'est composée que de manuscrits. Rien de plus chimérique que le cas qu'on en fait ; car ils sont imprimés.

Qu'importe, en effet, que ce manuscrit ait mille ans, s'il est devenu inutile ? Le grand-duc juge ainsi la noblesse.

Le respect pour l'antiquité, soit des monuments, soit des usages, soit des opinions, soit des hommes, en un mot pour l'antiquité, est une maladie de l'esprit humain.

On m'a montré, avec beaucoup d'appareil, un manuscrit du code de Justinien, qu'on prétend, non pas le premier, mais le plus ancien. Pour savoir à quoi m'en tenir sur cette prétention, il ne m'auroit fallu lire que deux petites dissertations à l'italienne, en un gros volume in-folio : j'étois, malheureusement, un peu pressé.

Le bâtiment de la bibliothèque est très-beau. Il étoit digne des manuscrits, quand ils n'étoient pas imprimés. Michel-Ange, qui en est l'architecte, est mort, avant de le finir. Il ne sera jamais fini. Qui oseroit achever un monument commencé par Michel-Ange, ou un poëme commencé par Virgile ?

Florence est le berceau de Michel-Ange. Il y a passé une partie de sa vie. La main patriotique de Michel-Ange a touché la moitié de ces palais, de ces temples, de ces monumens : elle est imprimée par-tout. Celle du temps n'a pu l'effacer.

J'ai été frappé d'un respect presque

religieux, en entrant dans la maison de ce grand homme : j'allois dire dans son sanctuaire : les plus fameux peintres se sont plu à la consacrer, des plus belles actions de sa vie; car il mérita ses talens. Malheureusement, pour leurs tableaux, le souvenir de ceux de Michel-Ange en est tout près.

LETTRE XXXVII.

A Florence.

Le palais Corsini est d'une grande magnificence.

Il est très-riche en tableaux. En voici trois.

Le premier, c'est la *poésie*. Elle est couronnée de lauriers : on diroit que c'est celle de Virgile, tant elle est noble, simple, belle ; tant elle ressemble à Didon. Elle est née du cœur tendre, de l'imagination délicate et du patient pinceau du Dolcé.

A côté de ce tableau, on voit un saint Sébastien : il est aussi du Dolcé. On court pour arracher les flèches.

Le troisième est d'un genre et d'un pinceau bien différent : il est de l'Albane.

Vous croyez déjà voir les amours et les graces; vous ne vous trompez point. Les amours et les graces ne quittoient jamais l'Albane.

Il a conduit vers le soir les amours dans un vallon, sur le bord d'un ruisseau, parmi les gazons et les fleurs; ils rient, ils chantent, ils dansent à l'envi, au son de la flûte : c'est le vieux Silene, qui leur joue de la flûte : un des amours est resté couché sur le gason, et regarde; les autres lui font signe de venir : il ne veut pas.

Cette scène n'est-elle pas charmante? Les amours sont jolis comme des amours. Le vieux Silene contraste à merveille. Comme il est grâve !

J'ai passé une heure avec les amours et Silene, dans cette prairie.

LETTRE XXXVIII.

A Florence.

Comment expliquer ce phénomène politique ? En Toscane, de la noblesse, point de troupes, et un despote.

Le peuple, en Toscane, est heureux.

Les souverains ont un moyen sûr de soumettre l'aristocratie dans leurs états ; c'est d'armer, contr'elle, le peuple : un moyen sûr d'armer, contr'elle, le peuple; c'est de faire qu'il soit heureux.

Vainement les grands frémissent, quand le peuple ne gémit pas : vainement les grands remuent, quand le peuple reste tranquille. Les princes veulent être absolus; les nobles veulent être indépendans; le peuple veut être heureux.

Il n'y a que la misère ou le fanatisme

qui puissent soulever le peuple. Le bonheur du peuple de Rome explique les jours de Néron.

Mais comment le grand-duc a-t-il rendu ses sujets heureux ? Avec du pain, des spectacles et de la justice ; en établissant des manufactures, où le peuple emploie le temps ; des théâtres où il l'oublie ; des hôpitaux où il trouve la santé ; des tribunaux qui paroissent justes.

Armé du bonheur public, le grand-duc a attaqué tous les privilèges de la noblesse : il les a vaincus. Il a détruit les dernières racines de la démocratie, en supprimant les confrairies ; les dernières racines de l'aristocratie, en laissant mourir l'ordre des sénateurs.

Il n'y a plus qu'une classe de sujets en Toscane, et un seul maître.

Le grand-duc est contraint de bien

gouverner; il ne peut pas faire une seule faute; car, ayant réuni en sa main tout le pouvoir politique, la république est toute prête : il ne manque plus au peuple de Toscane, pour être libre, qu'un tyran; il a déjà un despote.

Il est de la nature de la force politique, de tendre, alternativement, à se réunir sur la tête d'un seul, et à se diviser dans les mains de plusieurs. L'histoire entière n'est que ce phénomène.

Cependant le grand-duc ne se borne pas à opposer à l'aristocatie le bonheur du peuple : il la surveille.

Il voit passer, pour ainsi dire, une pensée mécontente au fond de l'ame, et l'arrête tout court par un seul mot. On lui reproche d'avoir des espions : il répond; *je n'ai pas de troupes.*

Au reste, la noblesse en Toscane

n'est pas remuante. L'oisiveté des nobles, principe de toute inquiétude séditieuse, y est occupée par l'opéra, la dévotion et le sygisbéisme.

Cependant, s'ils ont perdu toutes leurs espérances, ils ont pu conserver quelque souvenir : il reste, parmi eux, des noms, qui ont régné, ou qui ont été libres, ou qui ont conspiré jadis. Ces noms-là sont toujours à craindre. Comment enflammoit-on Brutus ? On l'appelloit par son nom : *Brutus, tu dors !*

LETTRE XXXIX.

A Florence.

Je viens de voir un tableau du Corège. Il passe tous les tableaux du Corège. Il est vrai que c'est le portrait de son maître, de l'amour.

C'est l'amour, non plus avec son enfance et son innocence, mais avec sa jeunesse et ses graces. Il ne touche pas, mais il charme. Il n'a pas, je crois, seize ans : vous vous doutez bien qu'il en a plus de quatorze.

Le dos tourné (il est nû, et c'est l'amour), le pied appuyé sur un tas de livres, qui ne sont sûrement pas des poëtes, il tend un arc et regarde ; cependant entre ses jambes sont deux petits enfants ; ce sont les siens : ils s'embrassent; l'un d'eux rit, l'autre pleure, l'amour sourit. Allégorie délicieuse !

Quelle heureuse idée, tendre Corège, t'est venue au bout de ton pinceau ! **Car**, *c'est au bout de ton pinceau*, **disois-tu**, *que tes idées te venoient.* Ton pinceau prenoit, pour ainsi dire, du sentiment dans ton cœur, comme il prenoit de la couleur dans la nature.

Adieu, charmant Amour, fils de Vénus et du Corège.

LETTRE XL.

A Florence.

Je sors du palais Pitty. C'est la demeure du grand-duc.

Quelle masse ! Quelle élévation ! Quelle étendue de bâtimens ! Cependant cette élévation, cette étendue et cette masse ne peuvent intéresser qu'un regard. Le regard glisse sur cette prodigieuse surface, sans rencontrer un seul ornement, sans trouver un seul point d'appui : le palais entier ne paroît qu'une pierre.

Sans doute il faut que, dans tout ouvrage des arts, l'idée principale brille; mais il faut, du moins, que les idées accessoires paroisssent.

Quoi qu'il en soit, l'imagination

errante dans l'immensité du palais Pitty, se sent par-tout, dans l'habitation des rois.

On y voit tant de tableaux, qu'on n'y a vu qu'un seul tableau. Il faudroit un mois, pour les démêler et les apprendre : on les parcourt en une heure.

Quelle terrible et sublime composition que la mort du riche et celle du pauvre, représentées à côté l'une de l'autre, dans le sallon *des quatre fins de l'homme.*

Au milieu d'un appartement superbe, sur un lit éclatant d'or, entouré de prêtres qui prient, de médecins qui méditent, de serviteurs qui s'empressent, d'enfans qui sanglotent, d'une femme qui se désespère, parmi le trouble, la consternation et les larmes, un homme exhale, sur la soie et la pourpre, le dernier soupir de la vie ; c'est là le riche :

tandis que, dans le coin d'une masure, dans l'ombre, sur un grabat, sur la paille, sous des haillons mêlés avec la paille, quelque chose de livide, de sanglant, d'informe, pend jusqu'à terre en lambeaux, à moitié rongé par des chiens qui l'abandonnent et s'enfuient ; c'est là le pauvre.

Quelle distance la société a jettée entre le pauvre et le riche ! et si le pauvre a l'audace de vouloir la franchir, de vouloir se rapprocher du riche, toute la foule des loix est là, qui le repousse dans la misère, ou le précipite à la mort.

La mort seule est juste envers le riche et le pauvre ; elle les confond sous sa faulx : la mort ne connoît qu'une espèce humaine.

Je réfléchissois sur la société, sur ce qu'on appelle la justice, qui n'est plus aujourd'hui, en grande partie, qu'une injustice consacrée : mon imagination avoit passé en revue tous les maux de la civilisation ; elle entroit dans les forêts du Canada, pour interroger, sur le bonheur, la vie sauvage : dans ce moment, je me suis trouvé dans les beaux jardins du palais Pitty, au milieu des premières fleurs du printemps, des premières haleines du zéphir, sur des gazons qui naissoient, à l'heure où la voix du rossignol, plus tendre et plus amoureuse, exhale ses derniers accens. Le beau soir ! Il sembloit que le jour quittoit à regret la nature ! Je ne puis vous exprimer avec quel plaisir j'abandonnai mon ame, obsédée par tant d'images funestes, à tous les charmes de la saison et du lieu. Je me mis à respirer le printemps, la nature et la vie : la vie que je voyois éclore par-tout avec l'amour, à toutes les branches des arbres, à toutes les feuilles des arbustes, à toutes les herbes des gazons, dans tous les accens des oiseaux. Oh! que les beautés de la nature sont supérieures aux beautés de l'art!

LETTRE XLI.

A Florence.

Il y avoit, il y a quelques années, quatre académies à Florence. Elles ne faisoient rien : c'étoit quatre académies.

Le grand-duc les a réunies en une seule, sous le nom d'académie Florentine; mais il a eu beau créér deux cents places; il auroit fallu créer, en mêmetemps, deux cents talens.

La constitution de l'académie n'est pas propre à les faire naître, encore moins à les faire produire; elle est en effet monarchique : elle a un président perpétuel nommé par le prince, deux secrétaires nommés par le prince, deux censeurs nommés par le prince. Il n'y a que la démocratie qui puisse convenir à une académie, parce que la liberté seule peut être favorable aux talens.

Celle-ci a deux séances, par semaine; elles sont publiques. Les membres ouvrent, tour-à-tour, la séance, par un discours à leur choix. Le secrétaire invite, ensuite, à lire, les autres académiciens, et même les étrangers.

J'ai assisté à une de ces séances; elle commença par un recueil de lieux communs sur la vie et les ouvrages de Galilée. Il fut psalmodié d'un bout à l'autre.

Cette psalmodie des Italiens est bien odieuse! Quelle monotonie insupportable! Ces débris de la langue chantée dans la langue parlée font un effet malheureux! Les Italiens et les partisans de leur langage ignorent, sans doute, que c'est à l'ame seule, suivant les sentimens qu'elle veut exprimer, à moduler la parole, à la noter. Toutes ces inflexions artificielles repoussent celles de la nature, empêchent sur-tout de les reconnoître ; elles ne leur laissent aucune place : la parole, alors, ne naît que sur les lèvres, et ne part plus que delà.

Après les lieux communs sur Galilée, un petit jeune homme profita de l'invitation du secrétaire, pour psalmodier un sonnet sur l'ame.

C'étoit un juif : voilà la seule chose de remarquable dans son sonnet.

Ensuite une improvisatrice se leva et chanta des vers sur la mort d'une de ses amies. On rioit.

La séance fut terminée par le comte**, qui, très-modestement, lut une idylle, qu'il avoit fait imprimer. Il n'eut pas tant de tort, car l'idylle parut nouvelle.

Il ne se borna pas à lire son idylle ; il la joua. Que de mines pour une bergère !

Les académiciens n'ont aucune place marquée dans l'assemblée, excepté le président, les secrétaires et les censeurs; ce qui fait, peut-être, qu'ils n'en ont pas non plus dans les lettres.

Tout ce qui pense, dans cette académie, a honte et gémit.

Le grand-duc voudroit qu'elle continuât le dictionnaire de la langue italienne, commencé par l'académie de la Crusca. Elle s'y refuse; elle a raison. Il est témèraire de chercher à fixer une langue, quand elle n'est pas encore formée, peut-être même quand elle est formée.

La formation d'une langue est l'œuvre des grands écrivains; l'Italie en compte trop peu : plus de la moitié de l'esprit et du cœur humain n'a pas encore passé sous la plume des Italiens, et par conséquent dans leur langue.

C'est un dictum vuide de sens que

celui qui fixe à Sienne la patrie du bon langage italien.

Cette langue n'a point encore de patrie, de domicile; elle est errante : elle mendie encore de tous les côtés, sur-tout en France.

Les divers langages des grands écrivains sont autant de domaines différens, que la langue générale réunit à sa couronne, et qui composent son empire.

Il existe, en Italie, une langue de l'Arioste, une langue du Tasse, une langue de Bocace, une langue de Machiavel; mais il n'existe pas encore, en Italie, de langue italienne.

Le comte Alf..... dans des tragédies admirables, où respire souvent le génie de Sophocle, a tenté récemment de ressusciter le langage italien du siècle de Léon X ; mais cette tentative n'a réussi ni à Naples, ni à Rome. On ne peut plus souffrir, dans ces deux villes, que de l'italien *francisé*, c'est-à-dire dégénéré.

Les Italiens conviennent qu'en général ils ne savent pas faire un livre; qu'on ne sait en faire qu'en France. Aussi ne lisent-ils, par choix, que nos écrits; mais la moitié de nos écrits leur échappe : tout ce qui est grace, tout ce qui est finesse, tout ce qui est délicat; en un mot, tout ce qui échappe.

LETTRE XLII.

A Florence.

J'ai été voir l'académie des arts, que le grand-duc a remise en vigueur.

J'ai visité la salle du dessin, celle du nû, celle des plâtres, celle du burin, celle du pinceau.

La salle des plâtres est immense : sur deux lignes parallèles, sont rangés tous les plâtres des plus belles statues que possède aujourd'hui l'Italie.

C'est au milieu des plus belles formes humaines, écloses dans les plus heureux climats, choisies par le goût le plus pur, expimées par le ciseau du génie, qu'on voit incessamment errantes les imaginations de cent jeunes artistes, qui essaient, à l'envi, ou de les comprendre, ou de les sentir, ou de les imiter.

Le grand-duc leur fournit tout, excepté le génie, que la nature seule peut fournir.

J'ai été indigné, dans l'école de la peinture.

En Italie, à Florence, le maître faisoit copier un de ses tableaux.

On recommence à Florence, comme dans le reste de l'Italie, tous les beaux arts : on y fait des ébauches devant des chefs-d'œuvres.

C'est un peu la faute du grand-duc ; le grand-duc appelle les arts, et il a banni le luxe !

Il veut de l'architecture, et plus de palais ; des mœurs et des statues !

Les arts ne produisent, comme la nature, qu'autant qu'on consomme leurs productions.

Léopold, on ne peut réunir Athênes et Sparte : on ne peut être Lycurgue et Périclès tout-à-fois !

LETTRE XLIII.

A Florence.

Le palais *Ricardi* mérite d'être vu : il fut la demeure du premier Médicis.

C'est dans ce palais que mourut la liberté de Florence, et que les beaux arts naquirent. Le tombeau de la liberté est le berceau des beaux arts.

La galerie du palais Ricardi est admirable. Le pinceau du Jordano, aussi fécond et brillant que celui d'Ovide, conseillé par les plus belles imaginations de son siècle, par des philosophes et des poëtes, en a peint et peuplé la voûte. Il en a fait un poëme : le sujet, c'est le destin de l'homme.

On voit d'abord la naissance de l'homme. Le destin, le temps, les parques et la nature sont dans l'attente ; le destin fait signe au temps, le temps fait signe aux parques ; à l'instant leur fuseau tourne, et, dans les bras de la nature, on apperçoit un enfant. Prométhée s'approche de cet enfant, et secoue sur lui son flambeau ; cette étincelle est la vie. Déjà l'enfant rampe aux pieds de la nature, il se lève, il marche, il veut la quitter. En vain la nature tâche de le retenir ; en vain elle pleure : il est bien loin ; bientôt il s'est égaré. Après que ce jeune homme a erré quelque temps, deux chemins s'ouvrent devant lui : l'un est hérissé de cailloux et d'épines ; il est par-tout escarpé : l'autre, au contraire, est uni ; il est tapissé de fleurs. Au bord de chacun de ces deux chemins, on apperçoit une troupe d'hommes et de femmes. Les hommes et les femmes de la première troupe ont un air doux, mais grave : point de fard, nul ornement, nulle parure ; seulement quelques feuilles de laurier dans leurs cheveux. Cette troupe est restée au bord du chemin : c'est delà que, sans chercher à séduire le voyageur, elle lui parle et lui dit simplement : *jeune homme, voici le chemin du bonheur.* Ce sont les talens et les vertus. — La troupe qui borde le chemin uni, beaucoup plus nombreuse que l'autre, offre les figures les plus piquantes ; leur contenance est animée ; elles rient, elles chantent, elles folâtrent. Quel luxe dans leurs vêtemens ! Elles ont des fleurs dans leurs cheveux, des fleurs sur leurs fronts, des fleurs encore à la main. A la manière dont elles sourient, vous les prendriez pour les amours et les graces ; cependant, en les regardant par derrière, un léger ruban, qui serre leurs têtes, décèle que ces charmans visages ne sont que des masques, et quelques ouvertures dans ces masques laissent entrevoir des figures hideuses. Cette troupe s'est empressée au-devant du voyageur; elle lui sourit, le caresse, le flatte, le prend par la main; *charmant étranger, lui dit-elle, voici le chemin du plaisir; suivez-nous donc.* Il les suit....l'infortuné suit les vices !

Ingénieuse allégorie ! Jamais la vérité n'a mis sur son visage de voile ni plus brillant, ni plus diaphane.

« Que n'ai-je le pinceau du Jordano ! Que n'ai-je le talent, qu'avoit ce peintre, d'imprimer, en un moment, son imagination sur la toile !

LETTRE XLIV.

A Rome.

Que la route de Florence à Rome est différente de celle de Livourne à Florence !

Après qu'on a quitté Livourne, d'où autrefois la Toscane embrassoit avec les bras du commerce tout l'univers, vous suivez un chemin magnifique, à travers des champs, des bois, des vallons, et vous arrivez à Pise, où l'Arno vous attendoit.

On coupe ensuite, avec l'Arno, une vaste plaine, parmi les cultures les plus riches, sous une température modérée, qui ne connoît ni les rigueurs de l'hiver, ni les ardeurs de l'été.

J'étois ravi de rencontrer, à chaque

pas, dans des champs émaillés de fleurs, des femmes belles de santé, de bonheur et d'innocence. Répandues ainsi dans les champs, elles sembloient plutôt y célébrer des jeux et des fêtes, que s'occuper des travaux rustiques : elles me rappelloient ces nimphes charmantes dont la fable et les poëtes avoient peuplé les campagnes.

Mais laissons dans leurs belles campagnes ces belles femmes, que tous les peintres devroient venir chercher, et que tous les voyageurs doivent fuir. Entrons avec l'Arno dans Florence.

Quelle situation que celle de Florence ! La plaine, au milieu de laquelle elle est assise, est couverte d'arbres de toutes espèces, et sur-tout d'arbres fruitiers. Dans le printemps, Florence est au milieu d'un bouquet de fleurs, et mérite de porter son nom.

Mais, à mesure qu'on s'en éloigne, le terrein devient inégal, la culture monotone, la terre stérile, les hommes rares, les femmes laides, les troupeaux maigres : toute la nature enfin dégénère.

En avançant dans la Toscane, j'ai trouvé Sienne, qui n'a rien de remarquable que le groupe des trois graces, placé au milieu de la sacristie de la cathédrale, entre un Christ qui meurt, et un Christ qui ressuscite.

C'est à leurs pieds que le prêtre se prépare à la messe : elles sont toutes nues.

En sortant de *Sienne*, la terre est toute bouleversée. Plus de culture, plus de troupeaux, plus d'habitations, plus d'hommes. Là semblent finir la nature et Léopold.

Parvenu, après trois heures de marche,

de monts en monts, de rochers en rochers, au sommet escarpé *de Redico-Fani*, je trouvai le chaos, le désert, le silence; il étoit nuit : mais, le lendemain, en descendant à *Roncilione*, je trouvai l'aurore, le chant du rossignol, la première branche d'aube-épine, des vallons couverts de verdure, le célèbre lac de Trasimène et *Viterbe* tout en fleurs : tout-à-coup, par un contraste nouveau, comme si on traversoit les lieux habités par Armide, sous le plus beau ciel rien ne se meut, rien ne vit, rien ne végète, et dans le lointain on voit Rome : le moment d'après, on ne voit plus rien.

Dans ces chemins où jadis, de tous les coins de l'univers, les rois et les nations accouroient, où rouloient les chars de triomphe, qu'inondoient les armées romaines, où le voyageur rencontroit

César, Cicéron, Auguste, je ne rencontrai que des pélerins, et des mendians.

Enfin, à force de percer le désert, la solitude et le silence, je me trouve au milieu de quelques maisons; je ne pus m'empêcher de verser des larmes : j'étois dans Rome.

Quoi! c'est-là Rome! quoi! Rome, qu'on pressentoit autrefois des extrémités de l'Asie, c'est aujourd'hui le désert, c'est le tombeau de Néron qui l'annonce!

Non, cette ville, ce n'est pas Rome; c'est son cadavre : cette campagne, où elle gît, est son tombeau; et cette populace, qui fourmille au milieu d'elle, des vers qui la dévorent.

LETTRE XLV.

A Rome.

Je suis arrivé, hier au soir, fort tard.

Je n'ai pu fermer l'œil de la nuit. Toute la nuit, cette idée alloit dans mon ame : *tu es à Rome.* Les siècles, les empereurs, les nations, tout ce que ce vaste mot de Rome contient de grand, d'imposant, d'intéressant, d'effrayant, en sortoit successivement, ou à la fois, et environnoit mon ame.

Il me tardoit que les premiers rayons du jour montrassent à mes yeux cette ancienne capitale de l'univers.

Enfin je vois Rome.

Je vois ce théatre où la nature humaine a été tout ce qu'elle pourra être, a fait tout ce qu'elle pourra faire, a déployé toutes les vertus, a étalé tous les vices, a enfanté les héros les plus sublimes et les monstres les plus exécrables, s'est élevée jusqu'à Brutus, a descendu jusqu'à Néron, est remontée jusqu'à Marc-Aurèle.

Cet air que je respire à présent, c'est cet air que Cicéron a frappé de tant de mots éloquens ; les Césars, de tant de mots puissans et terribles ; les papes, de tant de mots enchantés.

Sur cette terre a donc coulé tant de sang ! Dans ces murs ont donc coulé tant de larmes ! Horace et Virgile ont récité ici leurs beaux vers !

Allons. Mais, où aller ? Je suis au milieu de Rome, comme au milieu de l'océan : trois Romes, comme trois parties du monde, se présentent, en même temps, à mes regards ; la Rome d'Auguste, la Rome de Léon X, et la Rome du pape actuel.

Laquelle visiterai-je d'abord ? Elles m'appellent toutes à la fois. Où est le capitole ? Où est le musée de Clément XIV ? Qu'on me mène à l'arc de Titus. Que l'on m'arrête au panthéon. Montrez-moi sainte Marie majeure. Je veux voir le tableau de le transfiguration de Raphaël. Je ne vois pas l'Apollon du Belvédère ! Comment choisir à Rome ? Peut-on y arrêter ses regards ?

Il faut que je commence par errer de côté et d'autre, pour user cette première impatience de voir, qui m'empêcheroit toujours de regarder.

Je suis donc à Rome ! Je suis donc dans cette ville que tout l'univers regarde !

Il n'y a point ici une pierre qui ne recèle une connoissance précieuse ; qui ne puisse servir à bâtir l'histoire de Rome et des arts : sachez les interroger, car elles parlent.

LETTRE XLVI.

A Rome.

J'ai consacré la soirée d'hier à chercher dans Rome moderne les débris les plus intéressans de Rome antique; ceux que la faulx du temps, ou la hache de la barbarie, ou le flambeau du fanatisme ont ménagés; car ils n'en ont respecté aucun.

Qu'il reste peu de parties intactes de cette cité prodigieuse!

Le panthéon et le colisée en sont les deux principaux restes, mutilés toutefois, et dégradés; mais, dans cet état même, conservant quelque chose de si vivant et de si romain, que la renommée de Rome n'étonne plus, et que Rome étonne encore.

J'ai dirigé d'abord mes pas vers le panthéon, consacré par Agrippa à tous les dieux, et depuis, par je ne sais plus quel pape, à tous les saints.

C'est cette dédicace qui a préservé le panthéon du sac général, que la plupart des autres temples ont subi.

Il a été dépouillé de tout ce qui le faisoit riche; mais on lui a laissé tout ce qui le faisoit grand : il a perdu ses marbres, son porphyre, son albâtre, ses bronzes; mais il a gardé sa voûte, son péristyle et ses colonnes.

Quel magnifique péristyle ! Votre regard est d'abord arrêté part huit colonnes corinthiennes, sur lesquelles repose le fronton de ce monument immortel.

Ces colonnes sont belles de l'harmonie des proportions les plus parfaites, du travail le plus exquis, et de la durée de vingt siècles, dont elles sont revêtues et ornées.

L'œil ne peut se lasser de monter avec elles dans les airs, et d'en descendre avec elles.

Elles offrent je ne sais quoi d'animé, qui fait illusion, une taille élégante, une stature noble et une tête majestueuse, autour de laquelle l'achante s'est plu à déployer en couronne ses feuilles si superbes et si souples tout-à-la-fois : et cette couronne, comme celle des rois, sert tout ensemble à parer la tête auguste où elle brille, et à déguiser le fardeau immense qui pèse sur elle.

Que l'architecture, quand elle crée de pareils monumens, mérite bien une place parmi les beaux arts !

C'est comme un harmonieux concert que l'architecture donne à l'œil.

La pureté des formes est pour l'œil, ce que la pureté des sons est pour l'oreille.

Quelle idée simple et grande tout-à-la fois, que ce fronton et ces huit colonnes! On la saisit et on la retient comme un beau vers de Corneille.

Ce n'étoit point par le fracas d'une multitude d'impressions différentes et isolées, que les grecs cherchoient à intéresser, à émouvoir, à satisfaire la sensibilité : ils n'en employoient qu'une seule : mais ils la choisissoient grande; ils la répétoient plusieurs fois, et la modifioient beaucoup; ils la modifioient par toutes les nuances fugitives de gradation et de dégradation insensible, dont elle étoit susceptible.

Par-là ils satisfaisoient deux caprices singuliers de la sensibilité, qui, paresseuse et avide tout-à-la-fois, veut tout-à-la-fois garder la même sensation, et recevoir une autre émotion.

On retrouve, chez les grecs, dans leur architecture, dans leur sculpture, dans leur peinture, dans leur musique, dans leur éloquence, dans leur poésie, et même dans l'habillement et la parure de leurs femmes, ce système de beau idéal réalisé constamment.

Il n'existe en effet qu'une espèce de beau idéal, non plus qu'une poétique et qu'une logique pour composer ce ce beau, soit avec des sons, soit avec des couleurs, soit avec des formes, soit enfin avec ces combinaisons si compliquées et si étonnantes, de formes, de couleurs et de sons, qu'on appelle des sentimens et des idées.

Les grecs furent heureux d'avoir rencontré dès le principe ce beau idéal, cette poétique et cette logique de tous les beaux arts : ils n'ont presque fait que des chef-d'œuvres.

Les modernes n'ont pas eu cet avantage: aussi presque toutes les fois qu'ils ont quitté, dans les beaux arts, les traces des grecs, n'ont-ils jamais fait trois pas de suite, sans tomber ou sans s'égarer.

C'est ce qui est arrivé aux Bernin et aux Borromini, qui, à côté des monumens du meilleur goût, en ont élevé d'autres d'un goût si dépravé et si ridicule.

Au reste, comparez, avec les artistes grecs, la plupart des artistes modernes.

Les artistes grecs étoient tous plus ou moins initiés dans la philosophie, la poésie et l'éloquence : c'étoit le génie qui leur mettoit à la main le ciseau ou le pinceau, ou la plume; et non pas la nécessité.

Ils choisissoient, parmi ces différens

instrumens, celui qui alloit le mieux à leur génie et à leur talent. Souvent ils les employoient tour-à-tour. Les beaux arts n'étoient, pour eux, que les différentes dialectes d'une même langue, de la langue sacrée du beau. Ils savoient exprimer le beau, même avec du bronze, comme Gesner et Haller l'ont su faire avec l'Allemand.

Je jette ici, pêle-mêle, toutes les idées, que m'a suggérées, hier, la méditation du panthéon.

En considérant avec quelle économie et quelle sagesse ce monument est orné, j'ai vu que les grecs pensoient, et avec raison, que les ornemens même ne sont pas dispensés d'être utiles ; qu'on ne doit décorer que la surface et les extrémités des parties nécessaires ; que le fond, en un mot, de tout ornement doit être de l'utilité.

C'est au reste la source d'un plaisir très-piquant ; on est étonné qu'une chose si nécessaire soit, en même temps, si agréable.

Je ne peux me lasser de contempler, dans mon imagination, ce beau péristyle. Toutes ces pierres étoient en bloc dans des carrières : on les coupe, on les tire, on les jette-là, on les taille, et je les foule en passant : mais le génie vient ; il prend ces pierres, il les place, il les dispose ; les voilà enfin dans les airs : et mon œil, alors, ainsi que mon ame, s'arrêtent devant elles, saisis d'une émotion, d'un respect, d'un plaisir qui les étonne et les charme.

C'est ainsi que fait la musique, de tous les sons et de tous les accens isolés de la voix humaine, pour en composer ces airs admirables, que le cœur chante avec la voix, et chante encore après elle.

Je ne regrette point les marbres qui revêtissoient autrefois le panthéon.

Cette sombre couleur du temps, dont aujourd'hui il est teint, vaut bien l'éclatante couleur du marbre, dont il brilloit autrefois.

Il faut pardonner au temps, qui enlève insensiblement à ces colonnes quelque chose de leur surface : il met des années à la place. C'est une grande magnificence que la durée !

Mais il ne faut point pardonner au *Bernin*, qui a placé ces deux clochers entre le péristyle et la rotonde.

La porte de la rotonde est bien la porte d'un temple ! C'est bien celle du panthéon. C'est bien la porte par laquelle devoient s'écouler sans cesse les flots des nations, que toutes les superstitions de l'univers continuellement poussoient là.

A mesure que j'avance vers le temple, mon imagination pressent, de plus en plus, tous les dieux. Mais j'entre......
Les dieux n'y sont plus..... Le panthéon est désert !

C'est, ici, que la cause universelle étoit représentée toute entière dans la collection de ses différentes influences, allégorisées, personifiées, et nommées dieux.

Le voile allégorique qui les couvroit étoit si fin, le temps et l'habitude l'avoient tellement appliqué sur les corps, que l'œil humain, à la longue, ne put le distinguer de ces corps.

Ces influences d'une seule cause ont été bientôt des êtres réels : puis, ces êtres, des dieux : puis, ces dieux, des hommes : puis, ces hommes, des monstres : enfin, au grand jour de la philosophie, ces monstres ont été des fantômes.

Quel changement dans ce lieu! Où l'on adoroit Vénus, on adore aujourd'hui la Vierge : un dieu sur une croix a pris la place d'un dieu la foudre à la main.

Le dessin du panthéon est simple et grand. Sa forme circulaire est heureuse. Une vaste coupole voûte majestueusement son enceinte. Mais pourquoi tous ces pompons d'or et de marbre? On ne sait qui a fait le plus de mal à ce monument, des barbares qui l'ont dépouillé, ou des papes qui l'ont décoré.

Voilà donc le panthéon, qui étonna l'imagination romaine, et n'étonna pas celle de Michel-Ange! Ce panthéon, qui avoit été une pensée du siècle d'Auguste, et ne fut, dans la suite, qu'une des idées de Michel-Ange, le dôme de son église de saint Pierre. Vous admirez, dit-il aux Nations, la masse du panthéon, et vous êtes étonnés que la terre la porte : je la mettrai dans les airs.

Le génie de Michel-Ange disoit de ces choses, et sa main les exécutoit.

Quel dommage que le goût moderne ait blanchi la voûte du panthéon! Cette couleur l'a rapprochée de la terre. Blanchir un édifice antique! C'est pis que si l'on noircissoit un édifice moderne. Et c'est Benoît XIV, qui a ordonné que l'on fît à la voûte du panthéon une pareille injure!

Je laisse à d'autres le soin de compter tous les marbres, tout le porphyre, tout le granit qui enrichit l'intérieur du panthéon. Il possède un trésor bien plus précieux, les cendres de Raphaël.

Carle Maratte a fait ériger à Raphaël

un tombeau, où Agrippa lui eût fait élever un autel.

Il mourut, ce grand homme, en 1520. Il mourut âgé de trente-sept ans. Approchons de ce tombeau, et lisons :

Ille hic est Raphaël, timuit quo sospite vinci
Rerum magna parens, et moriente mori.

Le cardinal Bembo a mis de l'esprit dans ces vers : il n'auroit dû y mettre que de la douleur. Que ne se bornoit-il à dire : *Hic est Raphaël !* Raphaël est ici !

J'avois été voir, le matin, des tableaux de Raphaël. Ah ! quand on vient de voir les ouvrages d'un grand homme, c'est une chose bien touchante que son tombeau !

LETTRE XLVII.

A Rome.

C'étoit hier la fête de saint Louis de Gonzague, jésuite : grande fête par conséquent dans l'église de saint Ignace.

J'ai suivi la foule, et j'ai été entendre l'*opéra des vépres*, et voir l'*illumination* du *salut*. Ces expressions conviennent parfaitement à ce qui se passe ici, dans les grandes solemnités.

Tout l'office s'exécute en musique ; on se promène, on cause, on rit, on fait foule autour des orchestres.

Il n'y a pas de jour dans l'année, où il n'y ait deux ou trois de ces spectacles, et tous également courus.

En sortant du salut, on va dans la rue du *cours* prendre des glaces, ou souper dans un cabaret avec des femmes, ou assister à un feu d'artifice et à un bal, près de l'église, chez un dévot de la paroisse, ou un protecteur du couvent. Les grands amis du saint illuminent.

La fête de saint Louis de Gonzague se célèbre avec une pompe toute particulière. En supprimant les jésuites, on n'a rien changé aux usages de leurs églises : on leur a conservé aussi toutes leurs richesses.

La chapelle du saint est d'une magnificence, non pas romaine tout-à-fait, mais jésuitique. L'autel est d'argent, ciselé avec un art admirable : il est couvert de chandeliers de *lapi-lazuli*.

Dans le devant de l'autel est une ouverture, par laquelle on jettoit, du temps des jésuites, et on jette encore aujourd'hui, des lettres adressées au saint : on lui demande de présenter à dieu telle et telle requête, et de les appuyer de ses bons offices.

Les jésuites avoient persuadé aux Italiens que saint Louis de Gonzague se prêtoit volontiers à cela, et qu'il étoit si bien avec dieu, que rarement il manquoit son coup.

Les jésuites ne manquoient pas le leur : ils pénétroient, par ce moyen, les secrets les plus cachés des familles.

Comme le devant d'autel avoit été enlevé, à cause de la fête, j'ai vu, de mes propres yeux, dans la boîte, une foule de lettres.

On venoit d'en mettre une à la poste, dans le moment même ; elle étoit souscrite : *à saint Louis de Gonzague*. On avoit oublié : *poste restante*.

La musique formée, en partie, par ces instrumens, qu'on appelle des *castrats*, qui charment tant les oreilles délicates et affligent tant les cœurs sensibles, ne m'a pas empêché d'examiner l'église.

Le plafond représente saint Ignace dans le ciel, aux pieds de Jésus. Il est entouré d'une foule de disciples. Les quatre parties du monde sont sous lui : des bandes de jésuites, conduites par des anges, et tenant un glaive et un flambeau à la main, se précipitent de tous les côtés, pour aller persuader l'évangile.

Les quatre pandatifs du dôme offrent, chacun, un massacre choisi du vieux testament.

Mais ce qu'il y a de plus remarquable, c'est l'inscription, en gros caractères, au-dessus du maître-autel : *Ego vobis Romæ propitius ero.* — Je vous serai propice à Rome.

Les jésuites ont été détruits à Rome, et cette inscription subsiste.

La statue de saint Louis de Gonzague, par le Gros, est un chef-d'œuvre ; le saint lui même est fort beau.

Les jésuites n'ont pas manqué ce trait de captation, dans leurs tableaux et leurs statues.

Leur saint Stanislas est charmant.

Les jésuites avoient remarqué qu'un jeune homme fait une prière plus longue et plus fervente aux pieds d'une belle Vierge. Ils connoissoient toutes les routes du cœur.

LETTRE XLVIII.

A Rome.

Ce matin, je suivois tranquillement mon chemin dans la rue; je m'en allois au capitole. Dans le moment a passé un carrosse, où étoient deux récollets, l'un sur le fond, l'autre sur le devant, et tenant, entre leurs jambes, quelque chose, que je n'ai pu distinguer.

Tout le monde s'est arrêté, et a salué, avec un profond respect.

J'ai demandé, à qui s'adressoit ce salut. C'est, m'a-t-on répondu, au *bambino*, que ces bons pères vont porter à un prélat, qui est bien malade, et dont les médecins désespèrent.

Je me suis fait expliquer, ensuite, tout ce *bambino*.

Le *bambino* est un petit Jésus de bois, richement habillé.

Le couvent, qui a le bonheur d'en être le propriétaire, n'a pas d'autre patrimoine.

Dès que quelqu'un est sérieusement malade, on va chercher le *bambino*, et en carrosse, car il ne va jamais à pied. Deux récollets le conduisent ; le placent à côté du malade, et restent-là, à ses frais, jusqu'à ce qu'il soit mort ou sauvé.

Le *bambino* est toujours en course ; on se bat quelquefois à la porte du couvent, pour l'avoir ; on se l'arrache : l'été sur-tout, il est singulièrement occupé, quoiqu'il se fasse alors payer plus cher, à raison de la concurrence et de la chaleur. Cela est juste.

LETTRE XLIX.

A Rome.

Hier, en sortant du panthéon, j'ai été au capitole.

Cet endroit, qui a dominé l'univers; où Jupiter avoit son temple, et Rome avoit son sénat; d'où jadis les aigles romaines s'envoloient continuellement dans toutes les parties du monde, et de toutes les parties du monde continuellement revoloient en rapportant des victoires; d'où un mot échappé de la bouche de Scipion, ou de Pompée, ou de César, couroit parmi les nations menacer la liberté, et faire la destinée des rois; où enfin les plus grands hommes de la république respiroient, après leur mort, dans des statues qui exerçoient encore sur l'univers une autorité romaine : eh bien ! ce lieu si renommé a perdu ses statues, son sénat, sa citadelle, ses temples ; il n'a conservé que son nom, tellement cimenté par le sang et les larmes de tant de peuples, que le temps n'a pu encore en désunir les syllabes immortelles : il s'appelle encore le capitole.

C'est, au capitole, que l'on voit bien tout ce peu que sont les choses humaines, et tout ce qu'est, au contraire, la fortune.

Je cherche la place où étoit la citadelle.

La roche Tarpéyenne est plus des trois-quarts enterrée.

On ne peut se consoler des ravages qui ont détruit tant de grands monumens, que dans un musée, qui en est tout près, où les papes ont recueilli quelques-uns de leurs débris, et devant la statue équestre de Marc-Aurele.

Cette statue est de bronze : elle est

la plus belle qui soit restée des anciens : Michel-Ange lui a fait un piédestal.

On a beaucoup critiqué cette statue, et ce n'est pas sans fondement.

Ce cheval, j'en conviendrai, est court, lourd, épais; mais il vit, il va, il passe....

LETTRE L.

A Rome.

J'ai fait hier une promenade intéressante.

J'ai dirigé ma route vers la voie Appia, hors des portes de la ville.

J'ai traversé, pour y arriver, un des fauxbourgs, maintenant le plus désert, et autrefois le plus habité : c'étoit même, autrefois, le quartier le plus brillant de Rome. On l'appelloit, et on l'appelle encore le *Vélabre*.

Ce quartier est presque retombé dans l'état, où l'a représenté Tibulle, dans une de ses élégies. Vous ne serez peut-être pas fâché que je vous rappelle cette description : elle est très-courte ; la voici :

Là même, où le *Vélabre*, étalant ses portiques,
Fait briller dans les airs vingt palais magnifiques,

La jeune villageoise, en voguant sur les eaux,
Au fils du possesseur de ses riches troupeaux
Portoit, les jours de fête, attentive à lui plaire,
Du lait et des agneaux, doux tribut de leur mère :
La colonnade monte, où l'humble toit rampoit.
Formé d'un bois grossier, que, sans art, on coupoit,
Pan, la flûte à la bouche, y régnoit sous un hêtre.
Les pâtres, en offrande, aux pieds du dieu champêtre,
Répandoient un lait pur, et les branches d'un pin
Balançoient les pipeaux qu'y suspendit leur main.

En sortant du *Vélabre*, je me suis trouvé sur la voie *Appia*, et m'y suis promené quelque temps.

J'ai rencontré le tombeau de *Cécilia Métella*, de la fille de ce Crassus, qui balança, par son or, le nom de Pompée, et la fortune de César.

Ce monument célèbre, consacré par un père tendre, à la mémoire de sa fille, est une tour ronde : sa circonférence est très-grande ; toute la partie supérieure est détruite ; elle servit long-temps de forteresse, dans les guerres civiles d'Italie : elle est encore environnée de casernes, qui sont en ruines.

Je suis entré dans le tombeau de Cécilia Métella, et je m'y suis assis sur l'herbe.

Ces fleurs qui, dans le coin d'un tombeau, dans l'ombre, pour ainsi dire, de la mort, faisoient briller leurs couleurs ; cet essaim d'abeilles, réfugiées entre deux rangs de brique ; le miel qu'elles composoient là ; ce doux bourdonnement de leur vol léger, qui s'échappoit du silence et venoit distraire ma pensée ; cet azur des cieux formant, au-dessus de ma tête, une voûte magnifique, que des nuages d'argent et de pourpre peignoient tour-à-tour en fuyant ; le nom de Cécilia Métella, qui peut-être fut belle et sensible, et sans doute fut malheureuse ; le souvenir de Crassus ;

l'image d'un père désolé qui tâche, en amoncelant des pierres, d'éterniser sa douleur ; ces soldats, que mon imagination appercevoit encore combattans du haut de cette tour : tout cela et mille autres impressions que je ne saurois ni démêler, ni nommer, jetèrent peu-à-peu mon ame dans une rêverie délicieuse. J'eus de la peine à sortir de ce tombeau.

LETTRE LI.

A Rome.

Je n'ai pas le temps, ce soir, d'entrer dans le musée. Il me tarde d'entrer dans *le forum*.

Il doit être près d'ici. Il s'étendoit entre le mont palatin, où Rome est née, et le mont capitolin, où Rome est ensevelie.

Quoi ! ce *forum*, autrefois couvert de temples, de palais, d'arcs triomphaux, jadis le centre de Rome et par conséquent du monde, le théatre de tant de révolutions, qui d'abord ont changé l'univers par Rome, et ensuite ont changé Rome par l'univers : c'est-là lui !

Adossé à la muraille où les tables

des loix étoient attachées; debout sur la prison où les complices de Catilina furent conduits à la mort, quand Cicéron eut parlé ; appuyé sur le tronçon d'une colonne d'un temple de Jupiter tonant, je regarde......et mon regard, errant dans une vaste enceinte, ne saisit que des débris de chapiteaux, d'entablemens, de pilastres qui la plupart ont perdu et leur forme et leur nom : il passe sur six colonnes du temple de la concorde, sur le fronton du temple de Jupiter - Stator, sur le portique du temple d'Antonin et de Faustine, sur les murs du trésor public, sur l'arc de Septime-Sévère, sous les voûtes d'un temple de la paix, à travers les ruines de la maison dorée de Néron, et il va se reposer sur une colonne corinthienne de marbre blanc, qui, au milieu de l'étendue du *forum*, monte, isolée.

Quels changemens ! Dans ces lieux où Cicéron parloit, des troupeaux meuglent! Ce qui s'appelloit, dans l'univers, le *forum romanum*, s'appelle aujourd'hui, dans Rome, le champ des vaches (1) !

Je ne pouvois me lasser de parcourir cette étendue du *forum* ; j'allois d'un débris à l'autre, d'un entablement à une colonne, de l'arc de Septime-Sévère à celui de Titus ; je m'asseyois ici sur un fust, là sur un fronton, plus loin sur un pilastre. J'avois du plaisir à fouler sous mes pieds la grandeur romaine : j'aimois à marcher sur Rome.

---

(1) *Campo vaccino*.

LETTRE LII.

A Tivoli.

J'arrive à l'instant à Tivoli ; mais il est nuit. N'importe ; me voilà arrivé : je me réveillerai demain à Tivoli.

Déjà la lune me montre, à côté de cette chambre, où je dois passer la nuit, les temples de Vesta et de la Sybille. Elle me découvre, vis-à-vis de mes fenêtres, cet *Anio*, qui rétentira éternellement dans les vers d'Horace.

Il me tarde que le soleil lui-même me montre et ces temples et cette cascade.

J'aime ce bruit, qui ébranle mon ame, comme cette montagne. J'aime à écouter l'Anio. Il mugit, il tombe, il tone, il tombe ! La nuit ici n'a point de silence.

Comme ce fleuve, en se précipitant, se brise tout entier en écume ! comme il repousse les rayons de la lune sur ces arbres, sur ces monts, sur cet abîme, sur ces belles colonnes corinthiennes de ce temple de Vesta, qu'ils revêtent de la clarté la plus douce et la plus pure !

Où sont les peintres et les poëtes !

LETTRE LIII.

A Tivoli.

Puisque je ne peux fermer l'œil, je vais vous rendre compte de mon voyage.

Je pars de Rome, vers les quatre heures du soir, avec un seigneur polonois, qui, depuis dix ans, fait des lieues dans l'Europe, et un médecin françois, qui, depuis dix ans, y voyage.

J'ai fait d'abord quatorze milles à travers la solitude, la poussière et les tombeaux, c'est-à-dire, la campagne de Rome.

Je suis sur la voie romaine appellée *Tiburtina.*

Tout-à-coup une odeur de souffre saisit ; on fait quelques pas, elle enveloppe. La terre est déjà noire : la verdure des buissons et des plantes, que le printemps force d'y végéter est à moitié desséchée : la rose sauvage éclot et meurt.

On suit cette odeur de souffre : on arrive à un lac rempli d'une eau bleuâtre.

Cette eau bouillonne, aussi-tôt que l'on y jète la moindre pierre.

On voit flotter sur le lac plusieurs petites isles couvertes de roseaux : ce sont des portions de terre minées par l'eau.

La vapeur qui s'élève du lac, et qui flote sur son étendue, est funeste aux oiseaux ; ils passent, ils meurent et tombent.

Cependant deux malheureux habitent sur la *Sol-fatarre* : c'est ainsi que l'on nomme ce lac.

La curiosité des voyageurs leur fournit de quoi manger, dormir et s'enivrer;

ils sont hâves, défaits, languissans ; mais ils ne pensent pas.

On quitte, le plutôt qu'on peut, les bords de la *Sol-fatarre* ; et on s'avance vers Tivoli.

On rencontre, aux pieds des montagnes, plusieurs ruines, parmi lesquelles domine un tombeau.

C'est une tour quarrée, fort bien conservée : elle présente, sur une de ses faces, un monument triomphal, érigé à *Plautia*.

Ce rapprochement d'un monument triomphal et d'un tombeau, érigés à côté l'un de l'autre, pour le même homme, fait rêver. La gloire à côté de la mort !

Enfin me voilà à Tivoli !

Eh ! que m'importe qu'il y ait un évêque, huit curés et 1800 habitans à Tivoli ? L'Anio et ses cascades y sont-elles ? Le temple de Vesta subsiste-t-il ?

Je demande où demeuroit Properce, où demeuroit Cinthie, et Zénobie, et Lesbie, et toi, Horace ! On me montre où demeurent les camaldules, les capucins et le vicaire de la paroisse.

A demain.

LETTRE LIV.

A Tivoli.

Voila le soleil ; courons vîte à la cascade.

L'Anio arrive lentement, sur un lit égal et uni, en baignant, d'un côté, une ville étalée sur ses bords, et, de l'autre, de grands ormes qui balancent sur lui leur ombrage ; il s'avance ainsi, calme, majestueux, paisible : soudain, entrant dans une fureur inexprimable, il se brise tout entier sur des rocs ; il écume, il réjaillit, il retombe en bouillons impétueux, qui se heurtent, qui se mêlent, qui sautent ; il remplit un moment un vaste rocher, l'entrouvre, et se précipite en grondant. Où est-il donc ?

Je suis éloigné de plus de cent toises, et la poussière de ces flots brisés m'arrose et m'inonde ; elle forme à plus de cent toises, en tous sens, une pluie continuelle.

Mais j'entends mugir encore ces flots : je demande à les revoir ; on me conduit à *la grote de Neptune.*

Là, une montagne de roche s'avance sur un abîme épouvantable, se creuse, se voûte, et se soutient hardiment sur deux énormes arcades. A travers ces arcades, à travers plusieurs arcs-en-ciel qui les cintrent en se croisant, à travers les plantes et les mousses qui pendent de leurs fronts en festons, j'apperçois de nouveau ces flots furieux, qui tombent encore sur des pointes de rochers, où ils se brisent encore, sautent de l'un à l'autre, se combattent, se plongent, disparoissent ; ils sont enfin dans l'abîme.

Écoutons bien les tonnerres que roulent ces flots bondissans ; écoutons bien ce retentissement universel, et, tout-à-l'entour, ce silence.

Ces flots, cette hauteur, cet abîme, ce fracas, ces rocs pendans en précipice, les uns noircis par les siècles, d'autres verdis par de longues mousses, ceux-là hérissés de ronces et de plantes sauvages de toute espèce ; ces rayons égarés du soleil, qui se brisent, qui se jouent sur le roc, dans les eaux, parmi les fleurs ; ces oiseaux que le bruit et le vent des ondes effrayent et repoussent, dont on ne peut entendre la voix ; tout cela m'émeut, me trouble, m'enchante !

Horace, tu es venu, sûrement, plus d'une fois, accorder ici ton imagination et ta lyre.

LETTRE LV.

A Tivoli.

Je vous écris, dans ce moment, devant les *Cascatelles*, assis, depuis une heure, sous un olivier antique, occupé à les contempler, à écouter ces belles ondes.

La route qui conduit aux Cascatelles est charmante.

On passe sous les arbres les plus rians, à travers les mûriers, les figuiers, les peupliers, les platanes; on foule les gazons les plus verts, les fleurs les plus odorantes : on entend, dans les bois voisins, les concerts de mille oiseaux; des chevaux descendent des montagnes; des troupeaux paissent sur leurs sommets, et les blanchissent: le bruit argentin des clochettes brille, pour ainsi dire, dans les airs. Tout-à-coup le temple de Vesta et celui de la Sybille se montrent. Que l'œil tourne avec plaisir autour de ces belles colonnes ! mais on voudroit pouvoir les repousser en arrière, car elles penchent trop sur l'abîme. Comme ces ronces, ces lierres, toutes ces herbes qui disputent à l'acanthe corinthienne, de couronner ces colonnes, font un effet pittoresque !

Enfin on arrive vis-à-vis des *Cascatelles*.

Je les préfère à la grande cascade, à la grotte de Neptune, à toutes les eaux dont j'ai conservé la mémoire.

Ces monts couronnent bien cette ville ! cette ville, à son tour, couronne bien ce côteau ! Comme ce côteau descend doucement chargé de moissons de toute espèce ! Là, un champ de bled, plus loin un verger, plus loin des treilles couvertes de vignes. Tout d'un coup, du milieu de toutes ces riantes verdures, un fleuve impétueux s'élance et se divise en cinq fleuves, qui, par cinq routes différentes, ou jaillissent, ou coulent, ou se précipitent : ils rencontrent, en bas, d'autres flots, qui, de tous les côtés, accourent, et viennent se réunir avec eux, sur un tapis d'émeraude.

C'est sans doute, ici, que Properce venoit rêver, venoit composer ses vers; qu'il conduisoit, vers le soir, sa belle Cinthie.

Sans doute, tandis que la jeune Cinthie suspendoit sur son épaule un bras languissant et vaincu, Properce aimoit à lui montrer, et à lui détailler cette scène ; à guider ses regards distraits, sur ces ondes qui s'élancent en gerbes, sur ces flots qui coulent en filets d'argent, sur cet arc-en-ciel éternel, sur ces mousses nourries d'une poussière humide, sur ce peuple d'arbustes qui qui tremble sans cesse du mouvement des flots qui se précipitent à l'entour.

Horace, n'est-ce pas devant ces mêmes cascades, et enchantée de cette même scène, que ta muse a célébré, en de si beaux vers, les délices de Tivoli (1).

Et toi, Zénobie, et toi, Lesbie, n'est-ce pas aussi, dans ce beau lieu, que vous veniez quelquefois vous consoler d'avoir perdu, toi, Zénobie, ta couronne; et toi, Lesbie, ton moineau.

Quelle fraîcheur ! quel calme ! quelle solitude, et, en même temps, quel beau jour ! Un beau jour est vraiment

---

(1) Me neque tàm patiens Lacedemon,
 Nec tàm Larissæ percussit campus opimæ,
 Quàm domus Albuneæ resonantis,
 Et præceps Anio et Tiburni Lacus, et Uda
 Mobilibus pomaria rivis?

une fête, que le ciel donne à la terre.

Ma femme, mes enfans;..... tout ce que j'aime, que n'êtes-vous, ici, dans ce moment!.. Ils seroient heureux, j'en suis sûr!

Il seroit bien impossible à Fanni, à Adèle, à Adrien, à Éléonore de fouler tous ces gazons, de cueillir la moitié de ces fleurs.

Adieu vallon, adieu cascade, adieu rochers pendans, adieu fleurs sauvages, adieu arbustes, adieu mousse : en vain vous voulez me retenir; je suis un étranger; je n'habite point votre belle Italie; je ne vous reverrai jamais : mais peut-être mes enfans, quelques-uns du moins de mes enfans, viendront vous visiter un jour : soyez leur aussi charmans que vous l'avez été à leur père.

Mes enfans, il faudra venir vous asseoir sous cet antique olivier, sous lequel je suis assis ; c'est celui, qui s'avance le plus près du précipice ; il est vis-à-vis d'un rocher : c'est sous cet arbre, mes enfans, que vous jouirez le mieux de tout ce site enchanteur.

Adieu encore, belles ondes. C'est votre écume, votre murmure, votre fraîcheur, le trouble et la paix, dont vous pénétrez à la fois mes sens ; c'est tout ce que je vois, j'entends, je sens autour de vous, que je regretterai encore dans le sein de ma famille et de mes amis ; et non pas tous ces marbres, tous ces bronzes, toutes ces toiles, tous ces monumens tant vantés. Car vous, vous êtes la nature, et eux, ils ne sont que l'art.

LETTRE LVI.

A Tivoli.

Ce matin, après avoir quitté les Cascatelles, et en revenant à Tivoli, j'ai rencontré des laboureurs qui poussoient la charrue à travers des tronçons de colonnes.

Je me suis écarté, un moment, et je me suis enfoncé sous des restes de portiques, qui avoient porté des palais de marbre, et qui portent des champs d'oliviers.

Enfin, mes compagnons et moi, nous voilà de retour à Tivoli, où, dans un temple de la sybille, le dîner nous attendoit.

De l'appétit, des mets sains, le sentiment toujours présent du lieu où nous étions : à droite, des côteaux couverts de verdure ; à gauche, des monts hérissés de rochers ; devant nous, l'Anio tombant tout entier en écume ; au-dessus de notre tête, un ciel du plus pur azur, reposant, en voûte, sur un rang circulaire de colonnes corinthiennes de marbre blanc, et des nuages d'argent et de pourpre, qui passoient sous cette voûte et la peignoient ; des vers d'Horace et de Properce, que nous récitions à l'envi ; vers la fin du repas, l'arrivée imprévue d'une charmante Tivolienne, qui nous apportoit du lait blanc et pur, comme ses belles dents, et des fraises, aussi vermeilles que ses jeunes lèvres, qui rougissoit de nos souris et de nos regards ; le fracas du fleuve, qui nous déroboit souvent nos paroles ; nos noms que nous gravâmes sur la pierre, et que nous adressions à nos amis, s'ils venoient, un jour, dans ces lieux : tous ces plaisirs réunis m'ont fait, de ce dîner champêtre, un des momens les plus doux de ma vie.

Les plaisirs sont suivis des peines : il faut quitter Tivoli.

LETTRE LVII.

A Rome.

Le feu prit hier, pendant la nuit, dans la place de saint Pierre, à côté du vatican. Il prit à l'heure où les vieillards et les enfans dorment déjà, mais où les malheureux et les mères veillent encore.

Jamais incendie n'a été plus furieux : il a menacé de consumer Rome. Irrité par un vent impétueux, il s'enflamma tout-à-coup. La nuit la plus sombre sembloit éclairer de ses ténèbres cet incendie.

Quels tableaux ont brillé affreusement à sa clarté ! — Je vois tout, j'entends tout. Les cris des mères déchirent encore mes entrailles.

J'avois passé la soirée dans les environs du vatican : je m'en revenois chez moi, à la place d'Espagne. En entrant dans celle de saint Pierre, j'apperçois des flammes qui, s'élançant des toîts du pauvre, qu'elles avoient déjà dévorés, montoient, le long de vingt colonnes de marbre, au sommet du vatican.

J'étois seul. Je l'avoue; me croyant à un magnifique spectacle, je jouissois. Mais, dans le moment, il passa, à vingt pas de moi, un jeune homme qui portoit un vieillard sur ses épaules. A la manière dont ce jeune homme regardoit autour de lui, sondoit sous ses pas la route, prenoit garde de secouer, en marchant, le vieillard, je vis bien qu'il portoit son père. Ce vieillard arraché inopinément au sommeil et à la flamme, ne sachant où il est, d'où il vient, où il va, ce qui se passe, s'abandonnoit : cependant un jeune enfant les précède, qui, tout troublé, de temps en temps les regarde : une femme, vieille, presque nue, l'air indifférent, emportant les vêtemens du vieillard, marchoit derrière.

Je les suivois d'un œil attendri, lorsque je vis, à peu de distance, un autre jeune homme qui, tout nû, pressé de la flamme qui le suivoit, les mains attachées en dehors à une fenêtre embrasée, et pendant de tout son corps le long de la muraille, choisissoit de l'œil, sur le pavé, l'endroit le moins périlleux, pour y tomber.

Le vrai jour pour voir tout le cœur d'une mère, c'est bien la clarté d'un incendie ! Comme, du haut d'une terrasse, cette femme tendoit à son mari, qui étoit en bas, le cher gage de leur union ! elle s'avançoit, elle se penchoit, elle se penchoit encore : l'enfant tenoit toujours dans ses bras, ou à son sein, ou à ses lèvres : mais enfin, entre les bras étendus de cette mère, et les bras étendus de ce père, l'enfant endormi dans son berceau...... J'ai détourné les yeux, et j'ai fui.

J'avois déjà traversé la place. Je rencontre, se sauvant d'un palais embrasé, toute parée encore et en larmes, vêtue d'habits magnifiques et tenant par la main devant elle deux enfans nûs, une femme grande, d'une beauté et d'une taille majestueuse. Le plus petit de ces enfans, en regardant crier et pleurer sa mère, crioit et pleuroit aussi. La sœur, d'une figure charmante, transie de froid, tâchoit de vêtir et même de voiler son jeune et tendre corps de ses bras et de ses mains pudiques. Malheureuse mère! Il lui manquoit sûrement un enfant ; elle en tenoit deux par la main, et elle pleuroit.

Cependant, vieillards, enfans, soldats, prêtres, riches, pauvres, la foule incessament s'amoncèle. Elle rouloit d'un bout de la place à l'autre, comme une mer agitée par la tempête. On entre dans l'église de saint Pierre, on en sort, on y rentre, on se précipite, on tombe. J'ai vu passer à côté de moi, emportée par quatre soldats, sur des sabres croisés, une jeune fille évanouie. Elle étoit belle ! La clarté de l'incendie flottoit sur son front pâle ; elle brilloit dans des larmes échappées de sa paupiere, et arrêtées sur ses joues.

Mais, dans toute cette scène effroyable, ce qui me causoit le plus d'horreur, c'étoit, dans les intervalles où le vent se taisoit, le silence. Alors, il en sortoit, de toutes parts, des soupirs étouffés, des gémissemens profonds, le bruissement de la flamme qui dévore, le fracas des édifices qui, de moment en moment, croulent : les cris des mères.

Je sortois enfin de la place. Soudain, à une fenêtre du vatican, à côté même de la flamme, voilà une croix, voilà des prêtres, voilà, en habits pontificaux, le souverain pontife !

La foule à l'instant pousse un cri, à l'instant est à genoux ; à l'instant le pontife est environné dans les airs de cent mille regards en larmes, et de vingt mille bras en prières. Le pontife lève les yeux au ciel, et il prie : le peuple baisse les yeux à terre, et il prie.... Figurez-vous, murmurans comme de concert dans ce profond et religieux silence, l'ouragan, l'incendie et la prière.

Comment rendre un tableau qui s'est offert en ce moment à mes regards ?

Sur une des marches de l'église, seule, isolée, une mère pressoit de ses mains les petites mains de son enfant à genoux à côté d'elle, les joignoit avec complaisance, et les mettoit en prière. Derrière eux, une jeune fille, les cheveux épars, éplorée, debout, tendoit vers le pontife, de toute sa douleur (et sans doute de tout son amour) les mains les plus pathétiques; tandis qu'aux pieds de cette jeune fille, au contraire, assise, le dos tourné au vatican et au pontife, ne pleurant point, ne priant point, une femme, d'un air étonné, la regardoit... Son enfant en effet, jouoit dans son sein.

Cependant le pontife a prié : il se lève. Le peuple, dans une attente inexprimable, le regardoit.

Alors, d'une voix pleine d'espérance, et le front calme, le pontife répand sur la foule prosternée les paroles religieuses qui la bénissent. Soudain, soit miracle, soit comme par miracle, les derniers mots de la bénédiction étoient encore dans les airs, les vents n'étoient plus dans les airs; la flamme retombe sur la flamme; la fumée en noir tourbillon s'élève, enveloppe l'incendie, l'étouffe, et rend à la nuit toutes ses ténèbres.

Ah! que ce tableau de Raphaël, que l'on voit au vatican, est admirable!

LETTRE LVIII.

A Frascati.

Frascati étoit autrefois *Tusculum.*

On me proposa, à mon arrivée, de me mener aux villa Pamphili, Mondragone et Ludovisi.

Non, dis-je, menez-moi à la villa *Marcus - Tullius - Cicero.*

Malheureusement elle est détruite. Le souvenir même des lieux, où elle fut, a péri.

J'ai donc été réduit à visiter les villa Pamphili, Mondragone et Ludovisi.

J'ai vu leurs eaux, leurs arbres, leurs palais ; je ne voudrois pas les revoir.

Je conçois que ces lieux soient délicieux pour les Romains ; ils n'en ont pas d'autres.

Mais ni ces eaux, ni ces bois, ni ces gazons, ne sauroient arrêter un voyageur qui a respiré la fraîcheur dans le vallon de Maupertuis, ou égaré ses pas dans le *pays* d'Erménonville, ou rêvé dans les sentiers *du désert;* qui a visité quelques-unes des retraites délicieuses que la Seine, que la Loire, que la Saone, que la Dordogne, qu'en France, vingt fleuves ou rivières étalent à l'envi sur leurs rivages.

Les palais des *villa* de Frascati sont immenses; mais ce ne sont que des amas de pierres. On les a dépouillés successivement des statues et des tableaux qui les rendoient habités.

Ces jardins sont dans un état affreux.

Les eaux y arrivent bien encore de tous les monts supérieurs, pures, fraîches, abondantes; mais à peine arrivent-elles, qu'au lieu de les laisser courir de rochers en rochers, de gazons en gazons, murmurer, jaillir (comme le voudroit la nature), on les emprisonne dans des canaux et des bassins, d'où elles ne peuvent plus s'échapper que par des cascades ou des jets d'eau, ou des fontaines qui les versent flot à flot, qui leur mesurent tous leurs bonds, qui semblent régler jusqu'à leur murmure. Enfin, on dégrade à former des jeux bizarres, propres à amuser seulement des enfans, ces belles ondes, destinées par la nature à inspirer le génie du poëte, la rêverie de l'homme sensible, à rafraîchir le sommeil du voluptueux.

Cependant les Italiens ont eu beau faire, ils n'ont pu détruire ces sites charmans, voiler ces aspects romantiques : ils n'ont pu tarir la sève qui tapisse toutes ces collines d'une verdure toujours jaillissante; ces belles retraites sont restées ouvertes à tous les zéphirs, aux rayons d'un beau jour, et aux oiseaux amoureux.

L'aspect dont j'ai été le plus frappé, est celui qu'on découvre de la terrasse de la *villa* Mondragone.

A gauche, vos regards vont se poser sur une colline, qui coupe entièrement l'horizon, et s'avance au milieu de la campagne, comme un rideau tiré devant elle. Cette colline, qui monte et descend du mouvement le plus doux à l'œil, étale, en amphithéâtre, les trésors réunis de la plus riche végétation; sur ses flancs, des arbustes de toutes les fleurs, de toutes les ombres, de tous les feuillages: à ses pieds, des familles innombrables d'arbrisseaux s'élançant, retombant en grapes, en festons, en panaches jaunes, pourpre, aurore; tandis que son brillant sommet se couronne d'oliviers pâles qui courbent leurs fronts, de cyprès noirs qui les élèvent, et de pins verts et pyramidaux.

A la droite de la terrasse, se présente un tableau tout différent : le lac Regile, au bord duquel Rome, de toutes ses victoires, a remporté la première ; les côteaux de Tivoli foulés par Catulle et par Lesbie; les champs labourés par le vieux Caton ; des marais qui furent les jardins de Luculle, et les hauteurs où Cicéron a pensé.

Cependant entre ces deux aspects, j'embrassois d'un regard, à mes pieds, la campagne de Rome ; sur ma tête, l'étendue des cieux ; devant moi, le cours du soleil ; aux bornes de l'horison, Rome, les Apennins et la mer.

LETTRE LIX.

A Rome.

Les artistes anciens avoient un grand avantage sur les artistes modernes, pour représenter les héros et les dieux ; ils vivoient au milieu de la fable. Familiarisés, dès l'enfance, avec les divers personnages de la fable, ils les reconnoissoient chacun à leur voile ; ils les appelloient chacun par leur nom ; ils avoient appris par cœur la langue vraiment vivante de l'allégorie. Ainsi habitués, de bonne heure, à parler cette langue d'images, il leur en coûtoit peu, dans la suite, pour l'écrire correctement avec le ciseau, ou le pinceau, ou la plume, sur le papier, sur la toile et sur le bronze.

Les artistes modernes, au contraire, séparés du peuple singulier de la fable par tant de préjugés et de siècles, et par des mœurs si différentes, ne peuvent distinguer, de si loin, les vêtemens dont il est couvert, ni les discerner d'avec le nû.

Quel embarras donc, pour eux, toutes les fois qu'ils veulent comprendre ou traduire l'antiquité fabuleuse ! Ce que les anciens voyoient de l'œil, il faut que les modernes le voient de l'esprit; ce que les premiers apprenoient, il faut que les seconds l'imaginent : il faut enfin que les modernes refassent, de leurs propres mains, le voile déchiré de la fable.

Les artistes anciens n'avoient pas moins d'avantage sur les artistes modernes, pour rendre le nû de la nature, que pour exprimer le voile de la fable.

Le nû de la nature, en effet, frappoit continuellement leurs regards dans des fêtes, ou des jeux, ou des combats.

Parmi nous, au contraire, obligé par

le climat ou par les mœurs, à fuir en tout temps les regards, il ne se laisse surprendre que rarement, et en trompant ou les mœurs ou le climat, qui, au reste, ne dérobent à nos yeux les beautés du nû, que pour y substituer la pudeur.

Les artistes anciens n'étoient-ils pas encore plus heureusement placés que les artistes modernes, pour représenter la beauté ; eux qui existoient, dans un climat aimé du ciel, qui produisoit la beauté, dans des religions amoureuses qui l'adoroient, dans des mœurs voluptueuses qui la demandoient à tous les beaux arts, et enfin parmi des peuples qui, de la beauté, faisoient un mérite, et récompensoient une belle femme, comme ils récompensoient un grand homme?

Ces réflexions me sont venues hier, en considérant deux Hercules dessinés par deux jeunes artistes.

J'ai dit à l'un : parce que vous avez fait une grosse stature, que vous lui avez attaché de gros bras, de grosses jambes, une grosse tête, vous croyez avoir fait un Hercule ; et vous n'avez fait qu'un colosse.

J'ai dit à l'autre : parce que vous avez dessiné une attitude pleine de force, une action pleine d'énergie, le corps le plus mâle et le plus vigoureux, vous croyez avoir fait un Hercule ; et vous n'avez fait qu'un lutteur.

Que falloit-il donc faire, me dirent alors ces jeunes artistes, pour représenter Hercule ?

D'abord une chose, leur répondis-je, fort nécessaire et fort simple, et universellement négligée : savoir, avant tout, ce que vous voulez faire, savoir, avant tout, ce que c'est qu'Hercule.

Pour moi, si j'interroge, sur Hercule,

l'histoire des héros et des dieux, la fable, il m'est impossible de méconnoître dans la naissance, dans les travaux, dans les exploits, dans la mort, dans l'immortalité d'Hercule, dans Hercule, fils de Jupiter, vainqueur des tyrans et des monstres, soutenant sur son dos le monde, filant aux pieds d'Omphale, et se mariant à Hébé, il m'est impossible de méconnoître la force : la force, ce grand principe de la nature agissante, par qui l'univers est vivant, qui n'obéit qu'à la beauté, et ne s'unit qu'à la jeunesse.

Si je demande ensuite au génie de l'allégorie, quelles sont, dans sa langue, les expressions propres à dire à nos yeux cet être abstrait, le génie de l'allégorie m'indique d'abord la force la plus sublime dont le corps humain soit capable. Il me montre ensuite les symboles de cette haute force, non dans le développement des formes, qui signifie la grandeur, ni dans l'épaisseur des membres qui signifie le poids et la masse, ni dans la rudesse des traits qui accuse la férocité, ni même dans la tension énergique des muscles qui, bien loin de peindre la force, exprime l'effort : mais dans la prononciation articulée de tous les signes réunis d'une vie étendue, universelle, abondante, active, c'est-à-dire, dans le développement, la souplesse et la saillie de toutes les veines, dans lesquelles la vie coule, sous toute la surface du corps de l'homme.

Ainsi, dans le dessein où je suis de faire la statue d'Hercule, je commence par tirer de ce bloc de marbre un corps ni vieux ni jeune, mais mûr, et en pleine virilité : non pas colossal, mais grand : non pas massif, mais robuste. Le voilà. Mais il ne brille encore ni de la beauté du héros, ni de la divinité du dieu.

Laissant donc à présent la nature, et prenant pour guide le beau idéal, je dispose, je balance, je proportionne tous les membres de ce corps : j'assouplis tous ces muscles qui le hérissent ; j'aplanis toutes ces veines qui le sillonnent : enfin, par une suite de gradations insensibles, je conduis sur toute sa superficie, une ligne saillante et néanmoins onduleuse, qui, par-tout où elle repose, décide une forme, et par-tout où elle a fui, laisse un contour.

Mais il reste à faire le plus difficile. Il reste à choisir une action.

Choix embarrassant, en effet, s'écria le plus jeune artiste, parmi tant de travaux et d'exploits dont est composée la vie d'Hercule ! Qu'il étouffe un hydre, ou qu'il terrasse un géant, ou qu'il déchire un lion, chacun de ces actes de force prouvera également Hercule.

Loin de moi, jeune homme, lui répondis-je, de représenter Hercule dans aucun de ses travaux héroïques. Est-ce que l'aspect seul de ce corps ne vous les a pas déjà dit? Ne comprenez-vous donc pas, en voyant seulement ce bras, que tout tyran ou tout monstre devoit sentir à l'instant le bras d'Hercule et la mort?

Ne comprenez-vous pas enfin que tout acte pourroit rendre la force d'Hercule suspecte d'effort, et le dieu, d'humanité?

Mais, si mon ciseau n'a plus de force à ajouter à ce corps, il lui reste à faire sentir combien toute cette force est naturelle, c'est-à-dire qu'elle est divine.

Or, cet effet ne sauroit être obtenu ni par des développemens de formes, ni par des actes de vigueur; mais seulement par des contrastes.

Ce sont les contrastes qui montrent ce qui ne fait encore que de paroître, font briller ce qui ne fait encore que de se montrer : eux seuls détachent, sur le fond uniforme de l'étendue, la foule des êtres, les terminent, les éclairent et les séparent.

Sans les contrastes, l'univers entier ne seroit qu'un seul être.

Ainsi donc je vais tâcher de frapper tout ce sublime corps du contraste le plus lumineux; et voici dans quelle attitude il se dépouillera du marbre.

Debout, toutes les veines, tous les muscles et tous les membres en repos, la poitrine appaisée et applanie, les jambes croisées devant lui négligemment, le bras gauche appuyé sur une massue, tenant derrière son dos, dans sa main droite, qui vient d'étouffer le dragon des Hespérides, trois pommes d'or ; sur un cou nerveux et flexible, il porte fièrement vers le ciel, et incline avec grace à la terre sa noble tête ; la sérénité sur le front, la majesté dans les traits, la paix de son ame et du monde dans ses sourcils abaissés, dans ses yeux de la rêverie, et le souris sur ses lèvres. Ciseau, arrête, ce marbre est Hercule.

C'est l'Hercule du palais Farnèse, se sont écrié à l'instant les jeunes artistes. Il est vrai, leur ai-je répondu, c'est l'Hercule du palais Farnèse.

L'Hercule du palais Farnèse est un des miracles immortels du ciseau grec.

Quelle raison ! quelle sensibilité ! quel génie a dû réunir l'artiste, et poëte, et savant, et philosophe, qui conçut et exécuta le dessein hardi d'allier à la beauté, objet essentiel de tous les beaux arts, non pas seulement quelques-unes de ces qualités sympathiques qui recherchent en quelque sorte son alliance, telle que la tendresse, qui semble être une autre beauté ; ou la jeunesse, qui en est la fleur ; ou l'innocence, qui la pare ; ou la fierté, qui l'ennoblit ; ou la douleur, qui la rend sublime ; mais la force ; la force, qui sembleroit devoir être l'ennemie naturelle de la beauté.

Peut-on mieux comprendre la force que ne l'a fait ce sublime artiste, l'avoir mieux distinguée de l'effort, et même de la vigueur qui lui ressemble.

Voyez, en effet, comme chacun de ces muscles savans est enflé, et comme aucun n'est tendu. Ce corps ne se repose pas, mais est seulement en repos ; ne s'appuie pas, mais est seulement appuyé ; la tête est d'une grosseur ordinaire, les bras seulement plus puissans.

Mais ce qui me paroît encore plus admirable, c'est la science profonde, et le choix heureux des contrastes. L'artiste avoit bien compris que le contraste le plus propre à faire ressortir la force, c'étoit le calme; la puissance, c'étoit la douceur; la majesté, c'étoit le sourire.

Enfin, il n'y a pas dans tout ce marbre, un coup de ciseau qui ne soit un trait de génie.

LETTRE LX.

A Rome.

Pourquoi ne vous parlerois-je pas de ce qu'est à Rome cette fleur qui, dans tous les pays du monde, a tant de prix ; devant laquelle le cœur de l'adolescent commence à battre ; l'imagination de l'homme s'enflamme encore, quand rien ne peut plus l'échauffer ; et dont le souvenir quelquefois attendrit ou fait sourire le vieillard ; pourquoi ne vous parlerois-je pas de la beauté des Romaines ?

La beauté est rare ici, comme elle l'est par-tout ailleurs. La nature y manque souvent dans la composition de la femme, cette charmante combinaison de couleurs et de formes, que le regard de l'homme demande, quand il apperçoit une femme.

La nature n'atteint guères ici la beauté, que dans le dessin du visage, et que dans celui de la main. Elle ébauche la taille ; elle ne finit pas le sein : le pied sur-tout lui échappe. Elle ne fait pas non plus, également bien, toutes les espèces de fleurs, dans tous les pays du monde.

On prétend qu'elle rachète cette négligence, ou ce défaut d'industrie, à l'égard des Romaines, par la perfection des épaules ; mais je crois tout simplement que, si les épaules des Romaines paroissent plus belles, c'est qu'elles paroissent davantage ; peut-être aussi que l'embonpoint qui les gagne de très-bonne-heure, les embellit en effet.

Quoi qu'il en soit, la nature ne sauroit mettre plus à leur place, ni mieux accorder ensemble, le front, les yeux, le nez, la bouche, le menton, les oreilles, le cou ; elle ne sauroit employer des formes ni plus pures, ni plus douces, ni plus correctes ; tous les détails sont finis, et l'ensemble est achevé. Quel teint ! il est pétri de lys et de roses. Quel incarnat ! on croit toujours que cette belle rougit un peu.

Une belle tête romaine étonne toujours, et toute entière vient frapper le cœur : le premier regard la saisit ; le moindre souvenir la rappelle.

Mais, comme tout est compensé dans ce monde, si une Romaine reçoit de la nature cette beauté, qui étonne et qu'on admire, elle n'en obtient point cette grace, qui attendrit et qu'on aime. Si elle possède ces attraits constans qui ne font d'une belle femme qu'une beauté, il lui manque ces graces fugitives qui, d'une personne aimable, en font vingt.

Vous aurez beau contempler ce visage un jour entier, ces beaux yeux n'auront qu'un regard, cette belle bouche n'aura qu'un sourire; vous ne verrez jamais, sur ce front si pur, passer un plaisir ni une peine; jamais ces traits si accomplis légèrement onduler, comme une eau-vive, du mouvement insensible d'un sentiment tendre, ou d'une pensée délicate.

Au reste, il est difficile qu'une femme très-sensible soit parfaitement belle. La sensibilité dérange nécessairement, par ses mouvemens, les proportions de la figure : mais aussi, à la place de la beauté, elle met la physionomie.

Rien n'est plus rare que de rencontrer ici une figure qui touche, qui intéresse, où il y ait une ame.

Mais quelles belles mains ! et de belles mains sont si belles ! elles sont si rares !

La beauté, chez les Romaines, s'épanouit très-promptement et à la fois. Ici, cette rose n'a point de boutons. Une Romaine, à quinze ans, est en pleine beauté; et, comme elle ne la cultive par aucun exercice, qu'elle l'accable de sommeil, qu'elle ne la soutient d'aucune contenance, l'embonpoint en surcharge, dans peu, tous les traits, et en disproportionne toutes les formes : au reste, c'est à cette même mollesse, qui flétrira, en si peu de temps, toutes les délicatesses de sa figure, qu'elle est redevable de ces belles épaules qu'elle étale avec tant d'orgueil, et qu'elle prodigue au regard.

Une raison fait encore que la beauté passe à Rome rapidement : elle s'y tient toujours renfermée ; elle y est toujours à l'ombre. La beauté a besoin, comme les autres fleurs, des rayons du soleil.

Il faut dire aussi un mot de la voix

des Romaines, car la voix est une grande partie du sexe. La voix d'une femme ! — Celle des Romaines ressemble à leur figure ; elle est belle, mais elle n'a point d'ame : elle a quelquefois les éclats de la passion, mais presque jamais ses accens. Enfin, qu'une Romaine chante devant vous, sa voix ne naîtra pas dans son cœur, et ne mourra pas dans le vôtre.

Cependant il y a des exceptions à tout ce que je viens de dire sur les Romaines. J'en connois au moins trois ; *Théréza, Rosalinda et Palmira, P....*

Il est vrai que, passant leur vie avec des étrangers, dans la maison de leur père, la coquetterie de leur sexe et la leur, sont continuellement en haleine.

Théréza est Armide en mignature. Palmira eût ressemblé à Herminie, du temps d'Herminie. Rosalinda a quelque chose de toutes les femmes qui plaisent dans tous les pays du monde. Elle remue la paupiere, et c'est une grace ; elle remue les lèvres, et c'est une grace. Ces trois sœurs ont toutes des talens. Elles dansent ; ... avec une molesse ! Elles chantent ; ... avec une expression !

Mais en voilà assez sur la beauté des Romaines ; il ne faut point poser le doigt sur le duvet des fleurs, ni les respirer long-temps.

LETTRE LXI.

A Rome.

J'ENTRE dans une église, et je lis, sur une colonne, cette bulle d'un pape.

A quiconque priera pour le roi de France, dix ans d'indulgence.

Louis XI, apparemment, régnoit alors.

LETTRE LXII.

A Rome.

J'ai erré encore, ce matin, dans Rome moderne, pour chercher des restes de Rome antique.

Tout ce qu'on a pu exhumer de Rome antique, s'est trouvé mutilé par les barbares, ou le fanatisme, ou le temps.

Cependant, les Italiens le conservent ce peu de débris avec grand soin; non par goût, non par respect pour l'antiquité, mais seulement par avarice. Ce sont ces débris, en effet, qui attirent, de tous les coins du monde, cette foule d'étrangers dont la curiosité nourrit, depuis long-temps, les trois quarts de l'Italie.

Les Italiens entretiennent ces ruines,

comme les mendians entretiennent leurs plaies.

J'ai éprouvé je ne sais quelle sensation, en entrant dans un mausolée d'Auguste, en m'y promenant.

Ce magnifique palais de la mort renfermoit un grand nombre d'appartemens; chaque membre de la famille d'Auguste avoit le sien.

J'ai pris plaisir à fouler sous mes pieds des particules de cette poussière vaine et froide qui, un moment réunies, il y a environ deux mille ans, furent Octave.

Un théâtre est bâti sur ce mausolée. On y donne, de temps en temps, des combats de bêtes : on entend des lions rugir dans cet antique silence de la mort.

Ce célèbre obélisque, conduit avec tant de peine et de frais, sous les

Césars, des bords du Nil sur les bords du Tibre, tout écrit en caractères hiéroglyphiques dont l'alphabet est perdu, qui, au milieu des sept monts, élevant son front dans les airs, réfléchissoit les rayons du soleil, et donnoit l'heure à tout Rome ; le voilà gissant dans un coin, tronqué par morceaux comme un cadavre, couvert de poussière et de fange, et de siècles qui le dévorent.

Il est séparé de sa base, qui gît aussi à quelque distance. On lit sur cette base : *Senatus populusque Romanus;* et immédiatement après : *Urbanus pontifex maximus.* Rapprochement monstrueux ! Combien de siècles il étouffe !

De tout le forum de Trajan, il ne subsiste plus que la colonne, qui présentoit aux adorations de l'univers l'image de cet empereur.

Elle est debout; elle est intacte, si ce n'est qu'au lieu de Trajan, elle porte aujourd'hui saint Pierre.

Cette colonne est admirable par ses proportions, par sa forme, par sa sculpture. Toute la vie militaire de Trajan y est écrite en triomphes. Cette colonne offre, peut-être, mille personnages, parmi lesquels le crayon et le pinceau viennent choisir encore tous les jours des expressions, des attitudes et des formes.

Sa base est magnifique; elle est revêtue de casques, de cuirasses, de glaives, d'une foule d'instrumens de guerre. Mais le plus grand prix, le plus grand intérêt de ce monument superbe, c'est qu'il porte ton nom, ô Trajan!...... Il s'appelle la colonne *Trajanne*.

Comment décrire les deux chevaux de marbre que l'on voit sur la place de

Monte-Cavallo, vis-à-vis le palais du pape, ainsi que les deux esclaves qui les conduisent ?

Ces deux grouppes sont sublimes, et de pensée et d'exécution.

On lit sur la base de l'un, *œuvre de Phidias;* sur la base de l'autre, *œuvre de Praxitèle :* ces inscriptions sont évidemment modernes, et cependant elles n'indignent point.

Ces chevaux, en effet, sont vraiment des chevaux, seulement d'une nature particulière, des chevaux de marbre.

Ces hommes-là des esclaves ! quels corps ! quelles têtes ! quelles jambes ! quels bras ! et puis quels corps ! Car c'est dans cet ordre là qu'ils me frappent.

Mais comment cet esclave contiendra-t-il ce fier coursier, libre du frein et du mors ; qui frémit, qui bondit, qui se cabre ? — Il le regarde.

LETTRE LXIII.

A Rome.

Qu'est-ce que l'amour chez les Romaines ? Ce qu'il peut-être dans un climat et dans des mœurs où il ne rencontre, presque jamais, d'obstacles, qui le fortifient ; de préjugés, qui lui donnent du prix ; d'idées morales, qui l'embelissent ; de gênes, qui l'entretiennent ; de circonstances, enfin, qui en fassent, comme très-souvent dans nos mœurs, un bonheur, un triomphe et une vertu.

L'amour est, chez les Romaines, un amusement, ou une affaire, ou un caprice, et fort peu de temps un besoin ; car elles l'usent très-promptement : leur cœur aime, dès qu'il est pubère.

Un des mystères de l'amour devroit

être de parler d'amour ; l'amour est, ici, un lieu commun de conversation ajouté à ceux de la pluie et du beau temps, de l'arrivée d'un étranger, de la promotion du matin, et de la procession du soir.

On en parle aux filles devant les mères ; les mères mêmes en parlent devant leurs filles.

Une mère dit tout naturellement, ma fille ne mange point, ne dort point, *elle a l'amour;* comme si elle disoit, *elle a la fièvre.*

J'ai vu des prêtres danser avec de jeunes demoiselles ; et ce n'étoit pas un scandale. Il y a plus, ce n'étoit pas un ridicule : car, ici, les sexes, les dignités, les âges, n'ont ni costumes, ni prétentions, ni bienséances qui les distinguent et les séparent.

Un vieillard, un militaire, un cardinal, causeront avec une jeune fille, dans un coin, dans les ténèbres, et d'amour.

Le langage est aussi dissolu que le climat : dès qu'on peut dire quelque chose à une femme, on lui dit tout.

En général, cependant, les filles sont assez sages; elles portent presque toutes, jusqu'à l'autel, la virginité, non pas du cœur, mais du corps, dont les Italiens font grand cas.

Les filles occupent la première jeunesse à mettre en pratique, sous les yeux de leurs mères, les leçons, qu'elles en ont reçues, de l'art de prendre un mari; mais, comme les hommes sont sur leurs gardes, elles tendent vingt fois leurs filets, avant d'en pouvoir prendre un. Elles ne négligent rien pour y réussir, si ce n'est de ne négliger rien.

La galanterie la plus affichée ne tache point ici la réputation ; une femme est sage, comme elle est laide; elle est galante, comme elle est belle. Eh bien! elle aime.

Les femmes ne quittent l'amour, c'est-à-dire les hommes, que lorsqu'elles ne peuvent plus les payer.

Ne cherchez pas ici, dans les femmes, cette tendresse de cœur qui pénètre, remplit, enchante cette vie intime et secrette que deux amans ont en commun; cette tendresse dont les peines sont un des plaisirs, qui se complait dans les sacrifices, et s'accroît par les jouissances; cet amour moral, enfin, qui enchaîne ou domine l'amour physique, ou du moins le voile et le pare.

Vous ne trouvez guères non plus ici, entre les sèxes, ces deux amitiés charmantes, dont l'une succède à l'amour, l'autre l'imite, et qui toutes les deux lui ressemblent, souvent même à s'y méprendre.

LETTRE LXIV.

A Rome.

La voilà cette fontaine si célèbre dans la destinée de Rome ; au bord de laquelle le sage Numa feignoit de converser avec sa naïade ; où, plusieurs siècles après, sous les Césars, se baignoient les chastes vestales.

Qu'est devenu ce bois sombre et religieux qui l'ombrageoit, qui la défendoit des vents, des animaux et des hommes ?

Egérie n'étoit point la divinité qui parloit à Numa. Votre divinité, belles eaux, c'est votre agréable murmure, votre pénétrante fraîcheur ; c'est enfin, autour de vous, tout le charme de ce mistérieux silence.

Et moi aussi, je me sens inspiré par vous ; mon cœur est calme, mon esprit serein, mes sens sont en paix : je suis heureux. Cependant, charmante fontaine, lorsque la mousse, le gazon, la violette, le chêvre-feuille, la virginale aube-épine, au lieu de cette voûte de marbre, vous couvroient et vous paroient seuls, vous deviez être bien plus éloquente.

Que j'ai écouté avec plaisir toutes ces belles eaux, qui, aujourd'hui libres, indépendantes, suivent uniquement la nature, ruissèlent, ou s'épanchent, ou bondissent sur la mousse, sur le sable, ou sur le marbre, parmi les tronçons des colonnes ! Elles m'ont entretenu de tous les objets chers à mon cœur : elles les ont offerts à mon imagination ; j'ai cru les voir.

J'aimois ce dais de ronces, de lierres

et de vignes sauvages, qui ont pris la place de la moitié de cette voûte de marbre, et qui suspendent, autour de la fontaine, leurs ombres jeunes et légères, que tous les zéphirs balancent.

Ces chapiteaux corinthiens, qui, brillant autrefois dans les airs, sembloient écraser, de leur poids, la terre qui les portoit; ils gissent sur l'herbe! Ces feuilles d'acanthe, si délicates, sont couvertes par des feuilles d'ortie! Que tout ce qui rampe, se console; car tout ce qui s'élève, tombe!

Il faut te quitter, charmante fontaine! Ta place devroit bien être, aujourd'hui, non plus au milieu de cette campagne muette et déserte, mais au milieu de l'Arcadie; du moins au milieu d'un pays, où il y auroit des troupeaux, pour s'abreuver dans ton cours, des pasteurs, pour se reposer sur tes bords, et des bergères que ton murmure pût faire rêver !

Voilà de ces promenades qu'on peut faire à Rome.

D'autres rapporteront de Rome des tableaux, des marbres, des médailles, des productions d'histoire naturelle; moi, j'en rapporterai des sensations, des sentimens et des idées : et sur-tout les idées, les sentimens et les sensations qui naissent au pied des colonnes antiques, sur le haut des arcs de triomphe, dans le fond des tombeaux en ruines, sur les bords mousseux des fontaines.

Fin du premier volume.

TABLE
DES MATIERES
Du premier volume.

AVERTISSEMENT, page v

LETTRE PREMIÈRE.
A Avignon.

Description de la fontaine de Vaucluse. pag. 1

LETTRE II.
A Avignon.

Condamnation aux galères, par le Vice-Légat, d'un homme reconnu depuis, innocent, d'une manière extraordinaire. 6

LETTRE III.

A TOULON.

Idée de cette ville. — Régime des galères. — Extraits des registres. — Evénement singulier parmi les galériens. 11

LETTRE IV.

A NICE.

Description de Nice. 17

LETTRE V.

A NICE.

Détails sur Nice. — Dîner chez M. Thomas. 20

LETTRE VI.

A MONACO.

Idée de la principauté de Monaco. 24

LETTRE VII.

A Gênes.

Plusieurs tableaux. — La mort d'Holopherne. — Une assomption de Guido Reni. — La mort de Cléopâtre. 27

LETTRE VIII.

A Gênes.

Magnificence du palais Séra. — Détails sur la ville de Gênes. — Ignorance et insouciance des nobles. — L'hôpital des malades. 32

LETTRE IX.

A Gênes.

Détails sur le commerce, sur la banque, sur la police. 38

LETTRE X.

A Gênes.

Idée du palais Durazzo. — Plusieurs

tableaux. — Une Magdelaine de Paul Véronèze — Olinde et Sophronie attachés à un bûcher. 43

LETTRE XI.

A Gênes.

Tableau représentant la mort de Sénèque. .46

LETTRE XII.

A Gênes.

Description des galères. — Sort des galériens volontaires et des Turcs pris par les corsaires génois. 49

LETTRE XIII.

A Gênes.

Portrait de M. L.... ex-doge. — Description de ses jardins du Poggi. 54

LETTRE XIV.

A Gênes.

L'hôpital des incurables. 62

LETTRE XV.

A Gênes.

Tableau de l'Albane, représentant un sujet pastoral. 65

LETTRE XVI.

A Gênes.

Détails snr le gouvernement. 67

LETTRE XVII.

A Gênes.

Détails sur l'administration de la justice. 73

LETTRE XVIII.

A Gênes.

Continuation du même sujet. 79

LETTRE XIX.

A Gênes.

Continuation du même sujet. — Opinion des Génois sur l'ouvrage de M. Necker, qui a pour titre : de l'Administration des Finances. 79

LETTRE XX.
A Gênes.

Le Sigisbéisme. — La parure des Génoises. — Détails sur les mœurs. 82

LETTRES XXI.
A Gênes.

L'albergo de poveri. Médaillon en marbre, par Michel-Ange. — Assomption du Puget. 86

LETTRE XXII.
A Gênes.

Eglises. — Statue de S. Sébastien, par le Puget. 89

LETTRE XXIII.
A Lucques.

Idée de cet état. — Opinion du peuple sur son gouvernement. 92

LETTRE XXIV.

A Pise.

Sa situation. — Accident singulier dans le dôme ou la cathédrale. — Description du Campo santo.   107

LETTRE XXV.

A Florence.

Gouvernement du grand-duc. — Mots de ce prince.   111

LETTRE XXVI.

A Florence.

Critique du gouvernement du grand-duc. — Réponse à ces critiques. — Conversation avec les enfans du grand-duc.   119

LETTRE XXVII.

A Florence.

Idée de la galerie. — Cheval en marbre.

—*Statue de César.* — *Statue d'Apollon.* — *Statue de Flore.* — *Statue de Mercure.* — *Statue de Bacchus.* — *Un autre Bacchus, par Michel-Ange.* — *Bustes des empereurs romains.* 131

LETTRE XXVIII.

A Florence.

Tableau de Michel-Ange. — *Arabesques du même.* 139

LETTRE XXIX.

A Florence.

L'improvisatrice Corilla. — *Observations sur la langue italienne.* — *Nardini, célèbre musicien.* 141

LETTRE XXX.

A Florence,

La Vénus de Médicis. 146

LETTRE XXXI.
A FLORENCE.
Le prétendant et sa fille la duchesse d'.... 150

LETTRE XXXII.
A FLORENCE.
Suite de la description de la galerie. — Plusieurs statues. — Le sallon de Niobé. — Plusieurs tableaux. — Joseph et Putiphar. — S. François. — La Magdelaine dans un désert. 154

LETTRE XXXIII.
A FLORENCE.
Idée du cabinet d'histoire naturelle. — M. Fontana, garde de ce cabinet. — Eloge de ce savant. 160

LETTRE XXXIV.
A FLORENCE.
La cathédrale. 167

LETTRE XXXV.

A FLORENCE.

Maison de campagne du grand-duc. 170

LETTRE XXXVI.

A FLORENCE.

Bibliothèque impériale. — Maison de Michel-Ange. 172

LETTRE XXXVII.

A FLORENCE.

Le palais Corsini.—Plusieurs tableaux. — La poésie. — S. Sébastien. — Silène, par l'Albane. 175

LETTRE XXXVIII.

A FLORENCE.

Systéme politique du grand-duc.—Dangers qu'il court. 177

LETTRE XXXIX.

A FLORENCE.

L'Amour, du Corège. 181

LETTRE XL.

A FLORENCE.

Palais Pitty. — Sallon des quatre fins de l'homme. — Mort du riche et du pauvre. — Jardins du palais Pitty.
183

LETTRE XLI.

A FLORENCE.

Académies. — Séance publique. — Observations sur la langue italienne. 188

LETTRE XLII.

A FLORENCE.

Académie des arts. 194

LETTRE XLIII.

A Florence.

Le palais Ricardi. — Plafond peint par le Jordano. 197

LETTRE XLIV.

A Rome.

Description de la route de Livourne à Florence, et de Florence à Rome.
201

LETTRE XLV.

A Rome.

Arrivée de l'auteur à Rome. 206

LETTRE XLVI.

A Rome.

Description du Panthéon. — Réflexions sur l'architecture. — Tombeau de Raphaël. 209

LETTRE XLVII.
A ROME.

Fête de S. Louis de Gonzague. — Eglise de S. Ignace. Artifice des Jésuites.
223

LETTRE XLVIII.
A ROME.

Le bambino. 228

LETTRE XLIX.
A ROME.

Le capitole. 230

LETTRE L.
A ROME.

Promenade sur la voie Appia. — Le vélabre. — Le tombeau de Cécilia Metella. 233

LETTRE LI.
A ROME.

Le forum. 237

LETTRE LII.
A ROME.
Tivoli. 240

LETTRE LIII.
A ROME.
Route de Rome à Tivoli. 242

LETTRE LIV.
A TIVOLI.
La grande cascade. 246

LETTRE LV.
A TIVOLI.
Les cascatelles. 249

LETTRE LVI.
A TIVOLI.
Le temple de la sybille. 255

LETTRE LVII.
A ROME.
Incendie del borgo, *par Raphaël.* 258

LETTRE LVIII.

A FRASCATI.

Idée des villa de Frascati. 266

LETTRE LIX.

A ROME.

L'Hercule du palais Farnèse. 271

LETTRE LX.

A ROME.

Sur la beauté des Romaines. — Sur leur voix. 283

LETTRE LXI.

A ROME.

Singulière bulle d'un pape. 290

LETTRE LXII.

A ROME.

Plusieurs monumens. —— Tombeau d'Auguste. — Obélisque égyptien. — Colonne trajanne. — Les chevaux di monte Cavallo. 291

LETTRE LXIII.

A Rome.

L'amour, parmi les Romaines. 296

LETTRE LXIV.

A Rome.

La Fontaine Egérie. 300

Fin de la table du premier volume.

www.ingramcontent.com/pod-product-compliance
Lightning Source LLC
Chambersburg PA
CBHW060418170426
43199CB00013B/2199